Saggio su Manzoni

Luigi Mozzillo

PENSARE, PARLARE, SCRIVERE ... NEL ROMANZO DELLA VITA

SU UNA DEFINIZIONE DI STORIA DI MANZONI ... E OLTRE

I edizione maggio 2013

stampato da lulu
In copertina: foto dell'autore

ISBN 978-1-291-42222-1

«*L'Historia si può*
veramente deffinire
una guerra illustre
contro il Tempo, ...».
(I PROMESSI SPOSI,
Introduzione)

«*L'Historia si può*
veramente chiamare
una guerra meravigliosa
*contro la Morte;... *».
(FERMO E LUCIA,
Introduzione rifatta da ultimo)

1. PRELUDIO

«*L'Historia si può veramente deffinire una guerra illustre contro il Tempo, perché togliendoli di mano gl'anni suoi prigionieri, anzi già fatti cadaueri, li richiama in vita, li passa in rassegna e li schiera di nuovo in battaglia*». È l'incipit dell'introduzione così come compare già nell'edizione del '27 de *I promessi Sposi*. Si tratta del primo periodo compiuto di un discorso, anch'esso virgolettato, poiché, con ogni probabilità, non originario del Manzoni, se dobbiamo tener fede alle notizie che aggiunge appena dopo la chiusa delle virgolette. Ma concediamo ad un romanziere, anche cattolico, la possibilità di dire bugie al fine della creazione e rappresentazione artistica.

1.1. La curiosità di indagare su una definizione di Storia.

Da dove nasce la curiosità, a dir meglio la necessità, di confrontarsi con una definizione di Storia che introduce un romanzo? Tentare di chiarire tale interrogativo potrebbe essere la premessa indispensabile per la prosecuzione e la riuscita dell'indagine nella quale sto per avventurarmi.

Al di là della distanza di tempo, che non è elemento affatto marginale, diverse cose ritengo mi accomunano al sentire manzoniano e possono motivare tale impresa. In primis la mia formazione universitaria di storico, ibrida di conoscenze letterarie e religiose.

Oltre ciò, c'è forse la mia lettura individuale e adolescenziale del Romanzo del poeta/scrittore cattolico di inizio Ottocento: i suoi ricordi sono conservati in immagini vaghe di uno dei primi libri letti rubando il tempo alla noia della scuola e alle troppo grandi parate e formalismi privi di idee ed emozioni di un ambiente cattolico dove ci si doveva preparare ad entrare nella vita. Della lettura con commento e obbligo del riassunto scritto dei singoli capitoli degli anni del Ginnasio le tinte dei ricordi sono sbiadite fino quasi a perdersi del tutto. Più colore acquista la ripetizione mnemonica dei versi manzo- niani, iniziata, sembra di ricordare, al varco delle elemen- tari, sicuramente protrattasi per le medie e i primi anni del ginnasio, di cui ancora restano tracce nei bauli della soffitta della memoria pronti ad essere rispolverati di tanto in tanto dalle parole che affiorano alle labbra con più o meno intenzione a seconda della circostanza.

Mi sono ritrovato diverse volte in miei discorsi più o meno ufficiali a far uso di questa definizione di storia. Altre volte me la sono sentita citare in mie risposte a domande di studenti. Gatta ci cova, ho pensato. Tentando di farmene una ragione, mi sono subito detto per la mia naturale voglia d'essere contro corrente: quando tutti si fanno belli dicendo che *l'uomo è essere per la morte,* del filosofo che non si peritò del proprio antisemitismo, mi è sembrato utile e affatto anacronistico citare l'*Historia guerra illustre contro il Tempo* per dire anche della semplice difficoltà perenne dell'esistenza, compresa quella dell'uomo che si interroga sulla fede, della grandezza e miseria del lavoro intellettuale soprattutto quando tenta di confrontarsi con qualcosa che si chiama *verità.*

Ci sarà anche un'esistenza vissuta nella provincia meridionale, vale a dire in un ambiente dove il nome cristiano continua ad essere usato quale sinonimo di uomo, privandolo così di qualsiasi connotazione speci- fica. Ciò a significare il non essere assoluto di una realtà storica che si traduce in una vita sociale che continua a confrontarsi solo con se stessa. Non è difficile immaginare il giudizio di un attento osservatore esterno sull'ambiente dove trascorro la mia esistenza: potrebbe continuare a definirla una *civiltà precristiana*, come faceva Carlo Levi [1945] a metà del secolo scorso, contrapponendola a quella *non più cristiana* della città. L'osservatore perspicace, capace di guardare dietro il progresso di case e strade nuove, e dentro i perenni palazzi del potere, siccome poi niente trascorre invano, potrebbe aggiungervi qualche inconcludente conseguenza della modernità quale una tecnologia che prende a fare a pugni col viscerale naturalismo paganeggiante ammantato da un devozionismo di maniera. L'osservatore esterno, sempre lui, potrebbe perciò sottoscrivere anche un altro giudizio di un intellettuale del secolo scorso: «L'Italia popolare è ancora nelle condizioni create immediatamente dalla Controriforma: la religione, tutt'al più, si è combinata col folclore pagano ed è rimasta in quello stadio» [Gramsci A., 1949]. Non si discosta molto da questa analisi, sembra anzi chiarirla nel suo processo costitutivo, lo storico Galli della Loggia che più di recente nella sua ricostruzione degli elementi caratterizzanti l'identità degli italiani annota: «L'azione di disciplinamento cui essa [la controriforma] sottopose la vita quotidiana delle classi popolari, nonché il richiamo da essa rivolto a una certa decenza di comportamento nelle classi dirigenti, non furono cose in sé negative. Tutt'altro! Negativi, invece, assai negativi, furono i modi sociali e psicologici attraverso i quali ciò avvenne - la paura del castigo, il prevalere dell'obbedienza sulla coscienza, cioè l'abitudine ad assentire senza consentire, dunque alla doppiezza e alla dissimulazione - e il carattere che da quei modi derivò assai a lungo al cattolicesimo italiano: il carattere di una religiosità per lo più formale, ritualistica, deresponsabilizzata, alla fine vuota» [1998]

Un attento esame di questa realtà, vista nel suo processo di divenire storico, dovrebbe aggiungere alle colpe della chiesa e della religione anche quelle dello Stato e delle istituzioni civili e politiche che poi vorrebbe dire in generale mancanza di una coscienza delle istituzioni siano esse religiose nei fedeli e loro gerarchie e/o politiche nei cittadini e loro autorità. Una descrizione questa che la si potrebbe riscontrare da una attenta lettura del saggio dell'antropologa americana   Dorothy Louise Zinn, [2001] che, stabilitasi e vivendo nella terra di cui Carlo Levi aveva parlato nel suo *Cristo*, ha dato una rappresentazione in chiave più tecnica, di una sociologia comunque dal volto umano, del mondo popolare meridionale. Un saggio, il suo, dall'emblematico titolo - *La raccomandazione* – e scritto da un'americana: per l'appunto proprio un'osservatrice esterna.

Sarà semplicemente per la mia formazione ibrida, che in termini volgari potrebbe voler dire senza né capo né coda, ovvero per qualcosa di cui vorrei darmi ragione. È da mettere in campo anche la speranza che possibili spiegazioni potrebbero venir fuori lavori in corso. Sarebbe auspicabile: starò anch'io a vedere dove questa volta mi condurranno le parole e la loro lotta intestina.

2. LA GUERRA E L'AFFETTO DELLE PAROLE

Nella perentoria definizione di Storia che apre l'*Introduzione* del romanzo ci sono due termini scritti con la maiuscola iniziale: Historia e Tempo. Con la maiuscola si scrivono i nomi propri di persona, di luoghi geografici, di titoli. Una parola che non è un nome proprio scritta con la maiuscola deve nascondere qualche segreto che intercorre tra lo scrivente e il significato che la sua mente assegna a quel termine. La maiuscola diventa in questo caso *segno* di qualcosa che lo scrivente vuole comunicare al di là anche del significato corrente. Quell'evidenza potrebbe segnalare un semplice rapporto affettivo che l'autore spera venga percepito tra le righe anche dal suo lettore. *Historia* e *Tempo* sono due termini che a Manzoni dovevano stare molto a cuore anche se a dare questa evidenza fosse stato solo l'ignoto estensore del manoscritto del '600. Questo potrebbe far subito pensare ad una corrispondenza affettiva oltre che tra l'autore e i termini anche tra questi stessi.

Non deve essere così se ciò che li unisce, o meglio li divide, è *una guerra illustre:* «L'Historia si può veramente deffinire *una guerra illustre* contro il Tempo». L'affettività che intercorre tra i termini non è dunque una semplice *corrispondenza d'amorosi sensi* della poetica romantica, ma più propriamente potrebbe trattarsi di un rapporto *amore/odio* proprio della scienza della psiche che conclude il secolo romantico e inizia anche quello apocalittico delle guerre mondiali, dei gulag e dei lager di fine millennio. Ciò a significare tra l'altro la valenza metatemporale delle parole di uno scrittore. Vale la pena, prima di proseguire nell'analisi del periodo, confrontare già solo questa prima parte con quella che doveva rappresentare la prima stesura di questo testo così come compariva nel *Fermo e Lucia*. Dice, in un linguaggio più acerbo e drammatico, istintivo fin quasi allo stato brado: «*l'Historia si può veramente chiamare una guerra meravigliosa contro la Morte*». Qui il tutto è meno filtrato dalla coscienza del farsi cristiano e cattolico del Manzoni. Compare *Morte* al posto di *Tempo* a concretizzare le antitesi irreparabili dell'arte della scrittura. Non solo quella della psiche, *amore/odio,* che possono trasformare l'uomo in un Dio, un angelo o anche un demone per poi restituirlo al regno dei mortali solo e sempre più uomo: *Historia-Morte,* una H ed una M maiuscole a dire del dramma tutto umano dell'uomo che combatte con la propria ombra. Questa volta la *guerra* che intercorre tra le due parole non è *illustre* ma più semplicemente *meravigliosa.*

Siamo di fronte ad uno dei tanti abissi che può vivere uno spirito creativo: una *guerra illustre* tra l'Historia e il Tempo derivazione di una *guerra meravigliosa* tra l'Historia e la Morte. Il travaso dei due termini *meravigliosa* e *Morte* in quelli di *illustre* e *Tempo* è corroborato anche dalla trasformazione del verbo dove *chiamare* diventa *deffinire,* quasi a voler rafforzare la sostanza dell'azione indicata nella frase. Un dubbio immediato, prima ancora che di carattere linguistico, riguarda la verità della finzione creativa dell'autore: esisteva poi veramente questo manoscritto del '600 e, se sì, ne esistevano forse due versioni una con *meravigliosa* e *Morte* accompagnati dal verbo *chiamare* e l'altra con *illustre* e *Tempo* sostenuti dal verbo *deffinire?* Il dubbio sull'esistenza del manoscritto è più ancora sostanziato da quell' *Introduzione rifatta da ultimo* del *Fermo e Lucia* che diventa molto più semplicemente *Introduzione* ne *I promessi sposi.*

Il *verosimile* proprio della finzione e della rappresentazione artistica, se vuole incamminarsi ad essere reale almeno quanto la realtà, se non di più, deve per forza di cose intraprendere anche una lotta con le parole. È questa lotta ancestrale con le parole l'origine inconscia da cui si genera la lotta con la Morte e/o col Tempo?

Nel tentativo di dare risposta a tale interrogativo la curiosità diventa forte: sondare l'abisso spirituale dell'immaginazione di uno spirito creativo le cui radici sono piantate in quella Milano di fine '700 nel suo aprirsi allo spirito illuminista dell'Europa non ancora dei cittadini, anche se questi si annunciavano nella rivoluzione testé conclusa, con la schizofrenia propria di tutti i momenti tragici e profetici della storia. Non aveva lo stesso Manzoni compreso che *libertà, uguaglianza e fraternità* erano ideali antichi e propri del suo sentimento di cristiano? Ideali e sentimenti che però entrano in conflitto col significato che le autorità politiche e religiose dell'epoca davano a quei termini introdotti dal nuovo sentire del tempo.

Anche per ciò un cristianesimo, quello manzoniano, non alienato né alienante: costantemente in lotta con l'Altro da sé che irrompe nella propria mente e si impadronisce del proprio linguaggio per renderlo servo dello Spirito. Dove le idee, non importa da dove provengano, sono valutate nella loro essenza e verità, vale a dire nel loro significato più profondo, senza veli e prive di misteri in grado di poterle oscurare. Se qui può valere l'equazione Storia=Vero, lo scrittore diventa il tramite dell'epifania di un concreto altrove. Le parole che attraversano il sentimento dell'arte hanno la possibilità di cogliere la realtà e la sua verità non secondo il principio di causa ed effetto ma proprio dal punto di vista dell'atto primordiale che la fa essere, ciò senza particolari motivazioni di sorta e per lo più in modo inconsapevole da parte dell'artista. L'artista è solo un tramite, un demiurgo attraverso cui la realtà viene restituita al proprio estatico stupore. Il demiurgo/artista diventa Dio/ creatore quando la tradizione ebraico-cristiana opera la sua osmosi con la cultura ellenistica. Il rapporto tra lo scrittore e la sua opera diventa così per analogia il rapporto che intercorre tra Dio e la sua creazione.

Trascendenza e immanenza, allora, non sono solo due mondi distinti e separati, ma due sistemi di realtà in continua osmosi. Un Dio che diventa Storia, e quindi verità di fatto, nella vita degli uomini, nelle vicende dei popoli, nei loro sogni di libertà. Non si tratta di avocarsi l'arroganza di decifrare i caratteri eterni dell'assoluto, basta tentare di capire, se c'è, la funzione della parola Dio all'interno di un percorso umano e artistico. «L'intervento di Dio negli accadimenti piccoli e grandi è in ogni momento così forte che ti sembra di poterlo toccare con mano: è una presenza paterna, amorosa e severa che palpita in ogni cosa; e il poeta l'avverte con la fede

semplice e intatta dei suoi contadini, della povera gente »
[Sapegno N. 1960].

E ancora: «Per lui, Dio ... era qualcuno che scende di
continuo in mezzo a noi in un moto infinito di bontà e di
commiserazione»: così Mario Pomilio [1983] farà dire a
Giulia Beccaria nel descrivere il dolore del suo Alessandro
per l'agonia di Enrichetta. Realtà che sembra contrastare
con quanto ancora nella stessa lettera scrive Pomilio
entrando nel cuore di una madre che descrive e condivide
i dolori del figlio: «Assorto in una sua sfera insonne,
appartata, segreta e terribilmente alta, sembrava stremar-
si a interrogare, se posso dir così, quei cieli inamovibili
dove Dio scrive i suoi silenzi».

E se si va a vedere il lunghissimo silenzio creativo di
Alessandro, interrotto solo da sprazzi fugaci quanto forse
inopportuni vista la produzione precedente, dopo quella
fatidica data, che segna nella sua vita la dipartita di
Enrichetta Blondel, del natale 1833, non si potrà fare a
meno di chiosare che ai silenzi di Dio corrispondono
sempre anche i deserti dell'uomo.

Un Dio che scende di continuo in mezzo a noi ma che
poi resta a scrivere i suoi silenzi nei cieli inamovibili: è
qualcosa di più di una esercitazione estetica e/o retorica?
È qui l'humus più proprio per tentare di decifrare la lotta
con le parole del nostro autore.

3. IL POTERE DELLE PAROLE

Cosa sono le parole? Segni, idee, sogni, desideri: cose
che pensi dominare. Per poi un giorno ti ritrovi con
illustre dove avevi scritto *meravigliosa* e *Tempo* dove
stava scritto *Morte*. Ti accorgi che non sei tu a dominare
le parole, ma sono loro, idee, sogni e desideri che

navigano nel mare ignoto della tua mente. Vivono metamorfosi e acquistano una vita loro. Diventano fantasmi che ti seguono e prendono a vivere con te. Per lo scrittore, e anche per lo scrittore di storia o di versi, le parole sono un po' come lo scalpello per lo scultore. È tramite loro che prende corpo la materia dei propri fantasmi. Tempo al posto di Morte potrebbe essere come l'ultimo colpo di scalpello che Michelangelo ha dato ad una sua opera scultorea.

Dovette svegliarsi una mattina intento a pensare al narcisismo di *una guerra meravigliosa con la Morte*. Guardare il corpo della sua creazione ed accorgersi che mancavano ancora alcuni colpi. La vita, come la morte sono sacre per il cristiano: solo Dio può darle e toglierle. Ed un cristiano combatte con la Vita o con la Morte? Gli era dovuto capitare già più d'una volta di morire nella propria scrittura in questa *guerra meravigliosa contro la Morte*. E proprio dopo essere morto di nuovo in quella prima scrittura del nuovo romanzo dovette iniziare, lento, il processo per ridestarlo alla vita. È lecito immaginare che tale processo iniziasse proprio con una *Introduzione rifatta da ultimo*. La forza del pensiero che violenta l'essere dell'uomo creativo. La verità tanto semplice e violenta dei propri fantasmi che diventano parole, immagini di cose che prendono forma e cominciano a vivere una vita tutta loro. Una verità tanto urgente, tanto violenta che la si introduce nei personaggi della propria creatività.

Non so se essere d'accordo con quanto ho sentito una volta da un letterato: definiva la sua scienza come ciò che permette di vivere la vita di altre persone senza violenza. Se la violenza è una delle componenti naturali della vita, non dovrebbe esserne assente anche la creazione artistica. Mutamenti soprattutto nella psiche possono esistere solo tramite processi lenti di erosione che spesso poi sembrano sfociare in repentine trasformazioni. Personaggi che prendono a vivere di una vita propria non possono non andare a interagire con la vita del loro creatore soprattutto quando questi è costituito di carne e vive all'interno di una storia. La dimensione creativa si corrobora di quella relazionale propria della realtà dialogica della persona.

Quanta violenza sta all'interno del romanzo? E più ancora quante morti stanno in attesa nella forma che prendono i personaggi dalla mente e dalla penna del loro creatore? Da quella tragica e oscura, reale nella finzione creativa, dell'assassinio di una postulante monaca, a quella comica e irreale di un don Abbondio che, dopo essersi inchinato ai potenti, a cavallo sul ciglio di una strada che si erpica al castello di un Innominato già morto e risorto in una notte di *guerra meravigliosa con la morte*. A quella dell'anonimo Ludovico che muore, per rinascere, in un santo fra Cristofaro. A quella ancora tragica, ma dipinta in una «lentezza solenne e compassionevole» [Russo L., 1982] della madre di Cecilia che, in una liturgia funebre tutta personale e naturale, depone il corpo di sua figlia, privo della vita che lei le ha donato e che ha portato nel suo grembo, su un carro di monatti.

Non c'è forse una morte anche nel passaggio dalla poesia alla prosa? Quattro anni (1817-22) di lotta con le parole gli era valsa la grammatica sociale della Pentecoste:

Perché baciando i pargoli
la schiava ancor sospira?
e il sen che nutre i liberi
invidiando mira?
Non sa che al Regno i miseri
seco il Signor solleva?
che a tutti i figli d'Eva
nel suo dolor pensò?

Se è vero, come dicono tanti, che uno scrittore crea se stesso creando la propria opera: non sarà del tutto arbitrario porre la rilevanza delle tematiche presenti nell'inno allo Spirito (vita) e nell'ode a Napoleone (morte) quali nodi centrali del groviglio creativo di questi anni.

Se tra gli Inni Sacri *La Pentecoste* risulta essere quello più riuscito è anche grazie allo sciogliersi e disperdersi di una realtà ontologica quale può essere la discesa dello Spirito, un vero e proprio mistero per qualsiasi scienza, nella concretezza storica degli eventi degli uomini: le parole e il linguaggio sono costretti a diventare fatti concreti della storia di un tempo che non c'è più ma continua ad esistere e/o compare nella visione e nella coscienza di un uomo che costruisce se stesso nella rappresentazione poietica.

Anche qui forse, in questi quattro anni di lotta con lo Spirito alla ricerca delle parole più appropriate per tanta arditezza, per un linguaggio che diventi grammatica sociale, la comparsa dei primi fantasmi e la conseguente decisione di dare vita ai due contadini della bassa milanese di inizio '600.

E già al loro primo apparire si annuncia una lotta che ha a che vedere con le parole prima ancora che nel loro significato nella scelta della loro forma. Il dolore dei nuovi personaggi che andavano a materializzare i fantasmi della propria psiche, non poteva essere eternato nella aulica mestizia dei versi che avevano composto le liriche di un Adelchi ed una Ermengarda, anche le parole chiedevano di diventare più consone e vicine a tutti i figli d'Eva: dalla poesia alla prosa e dalla tragedia al romanzo.

Anche tutto il lavoro puntuale e meticoloso sulla stessa prosa del romanzo che durerà quasi un ventennio sarà determinato non da esigenze formali o stilistiche ma tenderà semplicemente «a togliere di mezzo gli arcaismi. I termini troppo letterari, le forme dialettali (anche se pittoresche), a creare insomma attraverso l'uso del fiorentino il *linguaggio di tutti,* cancellando fino ai limiti del possibile la differenza sempre così forte in Italia fra l'idioma letterario e quello parlato» [Sapegno N. 1945]

La duplice azione propria del linguaggio scritto, fare e capire, è ciò che fa della scrittura una scienza in grado di creare e spiegare la realtà. È qui che anche il linguaggio chiede di adeguarsi al suo oggetto. Quello dell'«*Historia si può veramente chiamare un guerra meravigliosa contro la Morte*» non poteva che essere un Manzoni in procinto di *sliricarsi* e in lotta, ora più ancora che mai, con le parole non solo nel loro significato ma persino nella loro forma; in lotta, per essere più precisi, con quei massi che sono le cose materiali che gli uomini sogliono nascondere tra il suono della voce e i fantasmi da questi evocati.

4. IL TEATRO DELLE PAROLE: EPIFANIA DI PASSIONI

L'anno della conclusione della prima stesura del romanzo, vale a dire nel '23, un amico della famiglia Manzoni, il canonico Tosi è nominato vescovo di Pavia. L'amicizia della famiglia di Alessandro col canonico durava dall'estate del 1810, quando rientrati da Parigi, dove s'era consumata la conversione dei coniugi Manzoni, l'abate Degola li aveva affidati alle cure spirituali del canonico e parroco di Sant'Ambrogio. Natalia Ginzburg [1983] riporta, in occasione della partenza del Tosi da Milano per Parma, un breve scritto di commiato di Alessandro al canonico e la risposta di questi nella quale tra l'altro vi era l'invito: «di voler frenare quella vostra troppo prontezza a lasciarvi andare ai progetti di scrivere che vi vengono alla mente. Io m'accorgo che voi soffrite nella salute occupandovi di certi lavori, i quali vi obbligano a troppo intense meditazioni». Deve essere senza dubbio nel vero il nuovo vescovo, in certi lavori non si può far a meno di soffrire, e soprattutto quando questi obbligano a meditazioni troppo intense che vogliono strappare tutti i misteri della realtà.

Ora uno storico, o chi per lui, che dice che la storia è una guerra meravigliosa con la morte sta proprio esagerando volendo andare a squarciare anche il velo del mistero più profondo della vita. Sta in qualche modo andando oltre le semplici prospettive di una vita pervasa dalla retta religione che è nella sua essenza, almeno nella mente del prelato, abbandono al mistero e non lotta con esso per addivenirne ad una eventuale messa in mora. In ciò il discorso del neo vescovo, nonostante la brillante e garbata risposta di Alessandro, - ... veramente le ricerche, in cui sono ingolfato mi stancano alquanto; ma cerco di contemperare il lavoro e il riposo in modo che quello non mi incomodi sensibilmente, e infatti da qualche tempo, meno alcun giorno un po' tristo, me la passo discretamente. - ha il suo nucleo di verità. E anche se al canonico fin dall'inizio era sfuggita la "vocazione all'arte" di Alessandro, pur aveva la semplice ed esatta percezione di ciò che di dannoso per la vita spirituale provocava la pratica di tale vocazione. Del resto l'Alessandro convertito al cristianesimo si cimentava in ambiti, teatro e letteratura, tenuti in non molta considerazione dalla morale comune e dalle gerarchie ecclesiastiche dell'epoca. Natalia Ginzburg annota ancora che il neo vescovo sperava che il Manzoni riprendesse *La morale cattolica*.

Forse al canonico era dovuto capitare di leggere o almeno sentire accennare proprio a quella *Historia guerra meravigliosa contro la Morte*. O forse era stato solo il lettore attento e sorpreso di altre opere del suo amico in cui non manca la stessa forza della mente indagatrice e creativa. Se si volesse costruire un romanzo, potrebbe essere il personaggio che mette in crisi quella definizione nella mente del nostro. Tra l'altro non si è tralasciato di vedere nel Tosi il maggiore responsabile dell'autocensura manzoniana nei confronti di certi personaggi del romanzo e delle loro vicende. Ma anche se così fosse il devotissimo Alessandro non abbandona il campo di battaglia delle sue troppo intense meditazioni. Non sarà stato un colpo di bacchetta magica o una semplice passata di penna su quelle parole a sostituirle. Come il consiglio di un vescovo amico non è bastato a distogliere il nostro dalla sua guerra con le parole ovvero dalle sue *troppo intense meditazioni.*

La scrittura è come una sorte di fotografia che lo scrivente fa al proprio pensiero. Per continuare nell'analogia e applicarla qui al nostro ci sarebbe da aggiungere che la foto scattata dalla penna di Alessandro ritrae un pensiero che scorazza su un sentiero che si erpica per colli tortuosi.

Dovendosi attenere al vero della scrittura resta in tutta la sua evidenza sicuramente la trasformazione di questa definizione di storia tramite la trasformazione di alcuni termini. Ora, anche su questo semplice passaggio da *Morte* a *Tempo* si potrebbe tanto discutere sulla questione di un dottrinarismo parenetico, alternativa metafisico-religiosa della coscienza, alla semplice arte in una dimensione estetica vitale che ricerca la verità profonda delle cose della realtà nell'empiria della psiche in un gioco di specchi tra il proprio io e l'Altro da sé, non sempre controllabile, che deriva dalla scrittura. E poi, nota acutamente il Sapegno [1960], in un discorso che riguarda tutto intero il romanzo: «La moralità non si sovrappone al racconto, ma lo compenetra e l'illumina dal di dentro: la senti anche nei paesaggi e negli oggetti e nelle peripezie più naturali».

Qui l'originario e inconscio catechismo artistico-letterario di una *guerra meravigliosa contro la Morte,* apologia delle proprie paure e dei propri fantasmi, e perciò anche immediata proiezione schizoide della propria psiche di artista e cattolico, si apre all'impersonale e drammatica *guerra illustre contro il Tempo* in cui quei fantasmi sembrano stemperarsi e dissolversi:

diventano uno, ricongiungendo anima e corpo e riportando l'eternità (lo spazio impensabile oltre la Morte) nel Tempo. Morte/Tempo come immagini modulate di un film in dissolvenza: entrano nello stesso orizzonte espressivo sostanziato dal termine guerra: meravigliosa quella, illustre questa.

Potrebbe tanto intrigare la notazione che questa dissolvenza della Morte nel Tempo sembra comparire anche nelle 50 presenze della parola morte nel *Fermo e Lucia* che diventano 39 ne *I Promessi Sposi*.

È difficile combattere con la Morte, ed anche se fosse possibile questo non potrebbe essere *una guerra meravigliosa* se non nella illusione di una realtà creata nella temperie dell'oratoria romantica, alla ricerca della gloria o dell'immortalità creativa. Il mito dell'eroe che combatte per dare la libertà, il sapere ed altro agli uomini è archetipo perenne e non solo romantico, ma prima di essere rappresentazione e quindi mito, ha sempre un tempo in cui è stato realtà e storia vissuta, fors'anche nelle bazzecole della quotidianità, che sempre hanno bisogno di un processo di mitizzazione per diventare realtà e storia, o semplicemente nella mente di chi lo utilizza. È qui che avviene la dissolvenza della Morte nel Tempo. Lo scrittore comprende che la sua personale lotta con la morte non è realtà storica ma sua rappresentazione mitica. Il tempo dello storico non può fare a meno di archetipi e miti poiché il suo è sempre un tempo rivissuto. In ciò lo storico trae dal nulla dell'evento, o più semplicemente di un passato oscuro e misterioso, evento e passato che rappresentano sempre e solo se stessi, la simbolizzazione creativa della propria psiche. Dal caos primordiale all'ordine per lo spirito ellenista. Dal nulla al creato per lo spirito ebraico e cristiano. Proprio in questa continua mimesi creativa lo Storico Manzoni continua a sperimentare la trasformazione della natura in arte e quindi in storia e cultura tramite un processo conoscitivo nel quale fa da filtro anche la propria precomprensione religiosa divenendone in qualche modo anche problema.

La consapevolezza del tempo dello storico quale *tempo rivissuto* attraverso la *mimesi* creativa irrompe magicamente perfetta nel prosieguo della frase dell'Introduzione: «*perché togliendoli di mano gl'anni suoi prigionieri, anzi già fatti cadaueri, li richiama in vita, li passa in rassegna e li schiera di nuovo in battaglia*». Non ci sono qui mutamenti sostanziali e quindi neppure ripensamenti tra il *Fermo e Lucia* e *I promessi sposi*. Ciò a significare che fa problema non la consapevolezza di una forma metodologica dell'attività dello Storico, quanto piuttosto una sua definizione che ne sottolinei la funzione psicologica del rapporto della materia (Historia) e quindi del suo autore, con il proprio oggetto (Morte/Tempo).

A ciò potrebbe anche semplicemente aggiungersi che il titolo completo del romanzo nell'edizione del'27 recita in aggiunta *Storia milanese del secolo XVII scoperta e rifatta da Alessandro Manzoni*. Anche solo nella scelta del nostro di presentarsi come il copista che si trasforma in rifacitore/traduttore della storia ritrovata nel dilavato autografo c'è la consapevolezza che la delineazione dei personaggi e della vicenda alla fin fine non ha potuto far a meno del pathos ovvero della partecipazione interessata e coinvolgente del suo estensore.

È il Manzoni illuminista/romantico che presenta già tutta la perenne *debolezza* della onnipotente ragione illuminista di inizio '800 poiché la realtà dell'Historia può essere solo parto creativo/imitativo, e quindi per la sua stessa essenza anche *pathos*, dello Storico. Diventa legittimo domandarsi se tale crisi della ragione sia primariamente conseguenza della precomprensione religiosa ovvero semplice e naturale processo cognitivo.

5. TRA VITA E ATTIVITÀ CREATRICE

Se il periodo 1808/1810 è importante della vita del nostro per il compimento e la soluzione travagliata che ricevono le sue vicende personali: incontro e matrimonio con Enrichetta Blondel calvinista, nascita della sua prima figlia (23 dicembre 1808) battesimo cattolico solo otto mesi dopo con debito strazio della calvinista Enrichetta; approdo alla (ri)conversione(?) cattolica, che una sopravvenuta mitologia vuole riportata all'episodio del 2 aprile 1810, giorno delle nozze di Napoleone con Maria Luisa, in cui il nostro aveva rischiato di perdere Enrichetta tra la folla di una piazza parigina in festa: basti annotare che già il 15 febbraio era stato benedetto col rito cattolico anche il matrimonio dei due con autorizzazione vaticana richiesta dall'ottobre del 1809; il triennio 1821/23 è periodo cruciale per la sua produzione creativa.

Il 24 aprile 1821 il Manzoni tracciava su un foglio l'attacco famoso: «Quel ramo del lago di Como...»: il foglio che chiude questo primo romanzo, il *Fermo e Lucia* che vedrà la luce della pubblicazione solo a fine secolo, reca la data del 17 settembre 1823; nel frattempo: l'Adelchi è in piena gestazione, vedrà la luce l'anno dopo; la *Pentecoste* ancora non era definita anche se pensata da anni; solo un mese prima i Piemontesi hanno varcato il Ticino, l'ode *Marzo 1821*, nascosta nel timore di una perquisizione della polizia (l'anno prima è stato arrestato Pietro Maroncelli e sono in corso i processi che vedono implicati i collaboratori del Conciliatore); mentre da lì a tre mesi, tra il 18 e il 21 luglio, componeva *Il 5Maggio*: in un furore poetico e *in trance* [Guglielmo A., 1976]. «Quelle strofe furono scritte mentre Enrichetta sedeva al pianoforte e suonava ininterrottamente diversi pezzi di musica, a caso. Così egli le aveva chiesto di fare» [Ginzburg N., 1983]. Solo il mese dopo: «Nell'agosto, nacque una bambina. Fu chiamata Clara. Enrichetta s'ammalò gravemente di febbre puerperale. Rischiò di morire. La salvarono» [ivi].

Fermiamoci qualche attimo su questa ode civile, - *Il 5 maggio* - che condensa tra l'altro le tensioni anticonformiste del nostro, con alcuni interrogativi da rivolgere al testo. Perché questo eroico furore creativo? E perché davanti alla morte?

Notiamo innanzitutto che in questi giorni di *furore poetico* non doveva mancare il ricordo personale dell'episodio del 2 aprile 1810, che insieme alla fede sembra avergli lasciato un più nocivo e tormentoso "mal di nervi" [Bedeschi M. 2004], anche se sfrondato degli orpelli dei commentatori e letterati successivi. Potrebbe essere proprio questa *situazione vitale*, a favorire il genio creativo del nostro: il ricordo di un giorno traumatico per lui di dieci anni prima – come annota in modo egregio anche il Citati; «Per Manzoni la ritrovata fede in Dio fu un evento traumatico, che ingigantì e approfondì la sua nevrosi» [1980] - in cui si festeggiavano le nozze dell'eroe francese, diventa tutt'uno con la notizia della sua scomparsa. «I fatti storici sono essenzialmente fatti psichici. Quindi trovano, di norma, i loro antecedenti in altri fatti psichici» [Bloch M., 1969]

È anche questa *durata* del personaggio Napoleone all'interno della coscienza manzoniana a consentire la trance creativa: un giorno per stendere il testo, solo due per rivederlo, la ragione del giudizio estetico di autorevoli critici: momento lirico, momento meditativo e momento oratorio fusi in un nodo di indistricabile mistero creativo [Russo, L. 1982]. Il *genio* del Manzoni *vergin di servo encomio / e di codardo oltraggio* solo al momento della Morte, può sciogliere alla tomba del grande conquistatore *un cantico che forse non morrà*. Solo qui, davanti alla Morte, la *passione civile* di un artista cattolico poteva liberarsi della propria *ossessione teologica* per poter leggere il *Massimo Fattor* a mo' di *astuzia della ragione* che dopo aver voluto scrivere un'orma del suo spirito più vasta nell'uomo destinato alla conquista del mondo, l'avvia poi *pei floridi / sentieri della speranza, / ai campi eterni, al premio / che i desideri avanza, / dov'è silenzio e tenebre / la gloria che passò.* È questo il processo proprio *dal doppio all'unità*, costantemente vissuto e rivissuto nella propria creazione artistica, che ora l'autore proietta, quale verità della Storia, sull'uomo/eroe designato dalla Provvidenza prima ad ottenere un premio ch'*era follia sperar* per poi disperdersi nel *cumulo delle memorie.*

Se è vero che «Il Napoleone del *Cinque maggio*, stolto che al ciel s'aguaglia, è un senza-nome. Il titolo dell'opera è una data sul monumento. Ma il monumento è quello della Fede trionfante, che sotto la data storica *scolpisce* l'orografia morale di una montagna di alta superbia che alla fine, toccata dalla mano misericordiosa di Dio e quindi dalla grazia della *conversione*, si prosterna alla collina della sublime umiltà cristiana» [Nigro S., 2002], e che tutto ciò rende l'ode «un monumento letterario non alla storia ma alla Fede» [ivi], bisogna aggiungere che si tratta di una Fede tutta dispersa nelle vicende degli uomini. Una fede che diventa storia per sua legge naturale senza il bisogno di costituirsi in una provvidenza diversa o altra dagli eventi. La costruzione creativa non avviene in un a-priori conoscitivo ma in una empirica osservazione e subitanea rappresentazione della realtà sulla quale predomina la morte. Il film di una vita che inizia con le immagini del finale. Il processo di creazione artistica non avviene solo come proiezione dell'io creativo sul personaggio alla luce della fede, ma più propriamente quale *violenza* degli eventi, e quindi anche loro *rivelazione*, all'interno di una coscienza che cerca di comprendere se stesso insieme alla realtà.

Diverso è il processo per cui Napoleone da personaggio storico diventa mito e archetipo universale di uomo politico e d'azione e quindi elemento che consente al pensiero di oggettivarsi in un gioco di proiezioni e di immagini riflesse.

È qui e secondo queste modalità che va letta *la Morte* contro cui *l'Historia* intraprende la sua *guerra meravigliosa* del *Fermo e Lucia*, che si diceva reca la data del 17 settembre 1823. E questo incipit dell'*Introduzione rifatta da ultimo* è già esso stesso approdo: il *Fermo e Lucia* ha avuto due diverse versioni di questa *Introduzione*, e quella definitiva del primo romanzo che qui si prende a pretesto è dunque prossima a questa data di chiusura del primo romanzo. Una storia, quella dei *tre romanzi* che tra rifacimenti e revisioni linguistiche, spazia in un raggio temporale almeno ventennale. Come in tutte le buone tradizioni degli scrittori anche qui il notevole malloppo, il testo del *Fermo e Lucia* sarà composta da quattro tomi, viene dato in pasto di assaggio ad amici: Visconti e Fauriel in primo luogo. Giudizio, soprattutto del Fauriel: struttura poco equilibrata e in alcune parti prolissa; suggerimento: tagliare.

Seconda tappa: 1823-1827 e per la prolissità rimediata basterebbe fare la conta della lunghezza delle due introduzioni, la seconda concede alla prima almeno due terzi in più di spazio alla scrittura. Tra le parti che ricevono tagli più consistenti vi sono le vicende dei due personaggi storici del libro, il Conte del Sagrato e Marianna De Leyva, questi erano le figure che più di tutte avevano richiesto una pignola documentazione e consultazione delle cronache del '600, i loro nomi sono cambiati in quelli dell' Innominato e della Monaca di Monza. È in questi mutamenti che vive il passaggio teorico dal vero al verosimile. E nelle vicende di questi personaggi si rivedono proprio quegli episodi che hanno a che fare con la morte, l'agguato del Conte ad un suo nemico sul sagrato di una chiesa e l'assassinio della postulante raccontato all'inizio con dettagli e dovizie di particolari.

Ma soprattutto: all'epoca l'esperienza della morte di Manzoni era ancora più indiretta e letteraria che non esistenziale e perciò il lavorio sui personaggi delle tragedie il Conte di Carmagnola prima, Ermergarda ed Adelchi poi, alle prese con il dramma della morte ingiusta era tutt'uno con la passione civile e le conseguenti nevrosi del nostro. Sul piano degli affetti naturali e personali la morte di Clara nel 1823, sesta tra i figli di Alessandro e Enrichetta, nata solo due anni prima nel '21, veniva annotata in una lettera al Fauriel con semplicità e distacco «dopo averla vista a lungo soffrire, l'abbiamo perduta» per giustificare un mancato viaggio a Parigi dall'amico che traduceva le sue opere in lingua francese, ma non solo per questo quella citazione è da rivedere.

6. LA VITA DELLA PAROLE

Le parole si muovono sempre, soprattutto in colui che le trasborda dal linguaggio parlato a quello scritto, tra un fare e un capire, tra un agire e un conoscere. Lo scrittore agisce e conosce insieme a loro. È qui che esse diventano lotta, entrano in guerra tra di loro essendo la conoscenza sempre riflessione critica su un'azione compiuta in precedenza. Nelle parole che prendono forma sul foglio lo scrittore sublima il suo personale bisogno d'azione, vive con le sue parole, e nella lotta che queste intraprendono costruisce o prende forma la sua visione del mondo e la sua scienza sulla realtà.

Nella morte di Napoleone, più che in altre sue creature pure alle prese con l'evento morte, Manzoni vive la propria immortalità «... *scioglie all'urna un cantico che forse non morrà*». È qui, nella naturalità di questa ancora inconsapevole visione, che l'Historia può diventare *una guerra meravigliosa contro la Morte:* una definizione che fa dello Storico, autore dell'Historia, un essere impenetrabile alla morte. È solo la morte dell'altro in se stessi che può rendere l'io immortale: così come la morte di Socrate precede in Platone l'idea di una immortalità dell'anima, la crocifissione e morte di Gesù di Nazareth precede in Paolo l'esperienza della risurrezione dei morti. Nella morte di Socrate vive l'immortalità di Platone come nella morte del Nazareno vive la resurrezione di Paolo. Nella morte dell'uomo d'azione Napoleone, vive l'immortalità dell'uomo creativo Manzoni. Non è di secondaria importanza per lo storico (delle idee, in questo caso) il constatare che nelle diverse situazioni c'è all'origine un'esperienza e un processo di durata dell'evento nella coscienza, prima che si passi ad oggettivare e *fotografare* la parola orale, e quindi il pensiero, in un'idea che reca la necessità di essere resa sulla carta.

Claudio Magris [1983] in un'annotazione sulla prosa di Goethe ritiene che questi «Avrebbe certo approvato la risposta amabile e modesta di Manzoni a Longfellow: quando il poeta americano gli diceva la sua ammirazione per *Il cinque maggio*, Manzoni si schermiva replicando che, in quella poesia, "era il morto che portava il vivo" e cioè che la grandezza di quell'opera derivava soprattutto dal suo tema, da Napoleone».

È sempre solo la morte a dire la verità della vita. La morte dell'altro si materializza divenendo così scaturigine psicologica di una nuova motivazione a vivere ed agire, soprattutto diventa una ulteriore conferma del proprio sentire. D'ora in poi si vivrà anche nel ricordo di una presenza-assenza, ovvero di un fantasma che, nonostante si è cercato di esorcizzare, si è venuto materializzando in tutto il suo spessore. Ricompare, nell'ode civile del '21, sotto mentite spoglie, il motivo neoclassico della poesia che oltre a rappresentare la realtà dell'animo rende anche l'uomo degno di gloria ed eterno, che Manzoni pensava di aver messo da parte nella sua conversione religiosa che sul piano estetico avrebbe dovuto segnare il passaggio dalla poesia degli dei e degli eroi immortali alla storia degli uomini mortali. È l'invidia dell'uomo creativo verso l'uomo d'azione che rende Napoleone un mito da spodestare ma pur sempre in grado di immortalare l'autore.

Detto in parentesi: una curiosità lecita, forse più ancora che un interrogativo, si affaccia all'immaginazione, cosa avrebbe scritto il nostro se fosse stato contemporaneo degli Hitler e Stalin e assistito all'eco delle notizie della loro scomparsa? Curiosità legittima anche perché è possibile scoprire con meraviglia mista a stupore che l'elogio funebre manzoniano al Bonaparte farà da modello oratorio/interpretativo per la morte del contadino che diventò lo zar russo: «Non è necessario avere di Giuseppe Stalin condiviso le idee e esaltato le opere, per rimanere *percossi, attoniti*, nel momento in cui si chiude questa vita prodigiosa» così si esprimeva Togliatti su "l'Unità" del 7 marzo 1953, dove Ferruccio Parri aggiunge «sentivo [...] all'annuncio dell'*uom fatale* un mareggiare indistinto di sentimenti vari in un mondo attonito ...». Questa del Manzoni e della sua ode civile a Napoleone, poeta e scrittore cattolico, che serve per omaggiare il re del comunismo reale è la prova evidente di quanto alla fine la stessa cultura in genere è sempre frutto di un ibridismo tra concezioni, idee, parole, sentimenti e quant'altro ancora. Ma riprendiamo le fila del discorso.

«Chi si racconta rende oggettivo il proprio fallimento, il proprio essere a metà, e in esso si ricrea senza trascenderlo, se non nel tempo virtuale dell'arte» [Zambrano M., 1997] . Anche l'uomo *passione inutile* di Sartre sente ed è sommerso dal bisogno naturale di cercare spiegazioni dei propri fallimenti: la scrittura nel suo essere arte e perciò processo creativo diventa lo spazio in cui si materializza il passaggio dalla crudezza dell'evento storico alla sua rappresentazione mitopoietica. Cercare non significa mai semplicemente trovare a tutti i costi, soprattutto quando si prendono le mosse dal tentativo, più o meno cosciente di una elaborazione del lutto. Nella celebrazione poetica della morte di Napoleone, al di sotto di una meditazione che prende forma in parvenze metafisico-religiose, compare un motivo ancestrale e proprio dei primi approcci creativi di un io che da *dilettante* poeta s'era maturato insieme alla propria scrittura per costruirsi Storico e Scrittore.

Sarà anche la razionalizzazione nella diacronia temporale di questa particolare esperienza creativa, immediata e viscerale, a portarlo alla dissolvenza, una nell'altra, delle due definizioni di Storia. L'infanzia creativa di una *guerra meravigliosa contro la Morte* nel giro di poco tempo si schiude alla più matura e impersonale *guerra illustre contro il Tempo.* Un processo non tanto nascosto se il suo annuncio è dato fin dalla trasformazione del titolo. La propria immortalità creativa si diluisce, perdendosi nello spazio temporale che intercorre tra il *Fermo e Lucia* (1821/23) e *I promessi sposi* (1823/27). Una metamorfosi richiesta prima ancora che dalla propria volontà e intelletto, dalle parole di cui fa uso o più ancora dalla lotta che la propria volontà intraprende con esse.

Questa semplice trasformazione dei due termini *meravigliosa* e *morte* nelle parole *illustre* e *tempo,* segue, e in qualche modo va anche a precedere, quelle trasformazioni così bene evidenziate dal Russo, tra il *Fermo e Lucia* e *I promessi sposi* che riguardano oltre che le parole, anche i personaggi, i loro caratteri e finanche i loro nomi, le rappresentazioni psicologiche di essi, le situazioni in cui sono posti a vivere, la loro statura morale e che rendono le due stesure del romanzo due opere diverse: «opera d'arte - canovaccio la prima, opera d'arte - disegno rifinito la seconda». In termini più crudi e immediati si esprime il Macchia [1994] «Rispetto ai *Promessi Sposi,* nella sua redazione definitiva, *Fermo e Lucia* è il romanzo nero del Manzoni, quale fu per

Stendhal la progettata *Chartreuse noire*». Ma ancora di più, le trasformazioni, e il lavorio di cesellazione e di rifinitura fanno sì che i due lavori: «obbediscano ad un'ispirazione diversa: più cupa apocalittica e polemica, la prima redazione, più classica e più serenamente cristiana la seconda». [1982] Ardua l'impresa di trovare dei termini più appropriati di quelli del Russo per dire anche solo di questa evoluzione inerente la definizione di storia che apre l'introduzione del romanzo. *L'Historia si può veramente chiamare guerra meravigliosa contro la Morte:* definizione cupa, apocalittica e polemica; mentre *L'Historia si può veramente deffinire una guerra illustre contro il Tempo:* se paragonata alla prima, senza dubbio definizione più classica e più serenamente cristiana.

È qui, e non solo, che la storia raccontata diventa anche la storia vissuta, l'*historia in interiore homine* di Agostino: profondo travaglio dell'evoluzione di un'anima che la scrittura rivela a se stesso proprio nel mentre forma e costruisce lo scrittore e questi viene rappresentato, o anche a dir meglio fotografato, proprio nel mentre prepara il prodotto del suo parto travagliato per la comunità degli uomini.

7. TRA VISIONE E PAROLA: LE AMBIGUITA' DELL'AGIRE DELLO SCRITTORE

«L'esperienza scopica dell'occhio, fonte per noi di rappresentazioni analogiche degli oggetti, e l'esperienza di verbalizzazione, legata costituzionalmente alla voce e sostitutiva del reale attraverso i segni astratti e convenzionali della lingua, costituiscono, in effetti, due registri nettamente differenziati di informazione ed espressione dell'uomo.» [Wunenburger J.J., 1999] Tutte le immagini sono insieme anche visione e linguaggio. Questi ultimi sono come gli arnesi del mestiere propri della creatività di uno scrittore. Manzoni in una già citata lettera al Fauriel così presentava e parlava del suo lavoro in corso: «Ho cercato di conoscere con esattezza, e dipingere con sincerità l'epoca e il paese in cui ho situato la mia storia ...». *Conoscere con esattezza* è ancora solo il teorico e pensatore ma *dipingere con sincerità* è il pensatore diventato scrittore che guarda se stesso nell'atto della creazione. Non si potrà trovare espressione più vera per rappresentare la psicologia del nostro dal punto in cui si potrà osservare il prodotto finito della sua creatività.

La parola, soprattutto quella destinata a divenire storia e perciò anche immagine della realtà nella scrittura, permette allo scrittore di fare e capire, di agire e conoscere. Se diamo fede alla tradizione filosofica occidentale dobbiamo aggiungere che la parola nasce costantemente da una visione: Platone docet. La stessa realtà che l'intellettuale greco razionalizzava tramite il mito, il rabbino riportava raccontando storie.

È nella tradizione ebraico/cristiana l'idea di un Dio di cui non si può parlare, nei comandamenti c'è la prescrizione di non dire mai il Suo nome, ma che lo si può vedere. Tutta l'azione di Mosè e dei molti profeti scaturisce costantemente da una visione di Dio. Il vedere ha un suo significato che non può dirsi esaurito nelle categorie dell'ottica: per chi ha occhi per vedere, le cose diventano trasparenti al punto da poterle penetrare nella loro essenza. Lo strumento col quale lo scrittore penetra in tale essenza è il linguaggio non tanto nella sua forma di parola parlata quanto in quella di scrittura. Precisa e puntuale testimonianza di ciò è per Manzoni anche «una scrittura ad alto tasso di figuratività e plasticità allusiva» [Nigro S. 200] La lotta con le parole diventa per lui lo spazio e il tempo del passaggio dalla visione alla sua materializzazione nella scrittura, ovvero l'itinerario di una possibile e in qualche modo dovuta comprensione.

Il Manzoni storico e scrittore, non può fare a meno di sottomettersi a tale tradizione: non parla tanto di Dio, quanto lo vede e sente semplicemente agire nel proprio pensiero e nella materializzazione delle proprie immagini mentali che diventano scrittura. «Ha scritto un mistico che Dio non si rivela se non allo spirito che si sia liberato da ogni immagine. Ma ciò non vale per Alessandro. Il suo è un processo speculativo che d'istinto si fa creativo e si incarna in personaggi» [Pomilio M., 1983]. E di «un'intima propensione della scrittura manzoniana verso l'immagine» parla il critico de Cristofaro [2009]. Visione e azione non sono qui due momenti diversi e diacronici ma azioni sincroniche di un puro istinto creativo che al modo di eroici furori annulla le distanze tra il soggetto che crea e l'oggetto della creazione: «Quel che parla nell'uomo va bene al di là della parola fino a penetrare i suoi sogni, il suo essere e il suo organismo stesso». [Bologna C., 2000]

«Artista è colui che sa scendere in se stesso ad una profondità tale da incontrare delle visioni che sono anche azioni; l'arte vera dissipa la contraddizione tra azione e contemplazione, poiché è una contemplazione attiva o un'attività contemplativa, una contemplazione che genera un'opera dalla quale si può ricavare un prodotto. Perciò annulla nel contempo la differenza tra il reale e l'immaginario e tra la naturalezza e la finzione». [Zambrano M., 1997] «Scrivere è sempre trascrivere: come l'amanuense medioevale copiava un testo antico, ogni scrittore trascrive un testo nascosto e inafferrabile, il libro indicibile della vita, le parole incise nelle cose ... » [Magris C., 1983] La verità creativa ha bisogno di questo doppio e vive dell'osmosi costante tra immaginazione e realtà. Dove non è inutile precisarlo ancora, i veri significati delle parole sono significati corporei, conoscenza carnale: le parole sono pietre. [Levi C., 1945]

Se si accetta l'enunciato che nella scrittura vi è sempre anche una sorte di confessione dell'io, si deve anche essere d'accordo con M. Foucault che quest'ultima ha la caratteristica di «un rituale discorsivo in cui il soggetto che parla coincide con il soggetto dell'enunciato». Lo scrittore una volta "diviso" il proprio io tra i personaggi che prendono vita dalla sua immaginazione creatrice, ritrova il suo io non più diviso, anzi ri-unito, nel prodotto conseguente la sua creazione. Tale prodotto creativo è anche, allora la propria confessione, sotto tante mentite spoglie e forme diverse, che lo scrittore consegna alla storia. È qui che un'estetica intesa come teoria della creatività, o come dice il Pareyson [1988] della *formatività*, va coniugata per forza di cose ad una psicologia, o meglio l'evoluzione della propria psiche si costituisce quale sostanza del processo estetico. «Ma un'opera d'arte non ha protagonisti se non in un senso tutto metaforico, e, con semplicismo paradossale ma polemicamente efficace, si potrebbe dire che unico e solo protagonista è sempre il sentimento dello scrittore». [Russo, 1982]

È qui, ancora, non solo uno dei luoghi dell'esperienza metafisica della creatività, quanto ancora lo spazio congenito della *contraddizione permanente* del letterato tra formalismo retorico e impegno politico-civile che A. Asor Rosa [1982] da critico marxista ne riporta l'origine in una dimensione socio-politica ma la cui scaturigine mi sembra in primo luogo da porre nell'ambito di una psicologia cognitiva dell'uomo di lettere che deve muovere il proprio essere tra l'ideale, positivo o negativo, della virtualità creativa e la realtà sempre diversa ed altra delle cose di cui si è circondati. Tali contraddizioni del Manzoni, come degli altri letterati italiani, sarebbero sostanziate, secondo il critico marxista, dalle caratteristiche strutturali del sistema in cui si vive e opera, per cui «La debolezza delle istituzioni politiche e le carenze del ceto politico-intellettuale stimolano nel letterato italiano una vocazione alla supplenza». Pur firmando il giudizio sulle istituzioni italiane, bisogna aggiungere che il sogno/utopia di una *repubblica delle lettere* nelle sue varie articolazioni e concretizzazioni storiche deve essere antico almeno quanto l'homo sapiens: anche qui basterebbe appellarsi al pur vecchio Platone magari cercando di coniugare insieme la tematica politica propria della Repubblica con quella retorica/oratoria del Fedro. È qui ancora il perenne dissidio della *scienza della conoscenza* con l'ordine costituito: il letterato e il potere politico, ma anche il teologo e il potere religioso.

La *contraddizione permanente* riportata in questo ambito e applicata al lavoro dello storico rende l'oggetto della sua disciplina solo e sempre una *conoscenza storica*. Manzoni ne è pienamente consapevole se si esamina a fondo la sua definizione di storia che nella metamorfosi linguistica iniziale pur spostandone i significati, non ne muta la sostanza.

Riprendendo tematiche e problematiche proprie dello storicismo tedesco di fine '800 è stato tra gli altri H. I. Marrou, in un riuscito saggio, il cui titolo è proprio *La conoscenza storica* [1954], a delineare le implicazioni metafisiche della specificità del lavoro dello storico. Valga per tutto il titolo di alcuni dei capitoli del saggio del Marrou: *La storia è inseparabile dallo storico* (cap. secondo); *L'esistenziale in storia* (ottavo): e la citazione di una frase: «la storia è ciò che del passato lo storico riesce a possedere ... ciò che egli avrà potuto elaborare». Una metafisica quindi non avulsa, anzi intrisa più che mai, da paradigmi di ordine psicologico. Ed una religiosità quindi non alienata ma concretamente reale. Se spazio e tempo sono solo forme a-priori della sensibilità è inevitabile che debba esservi un *esistenziale* del lavoro dello storico e che quindi l'oggettività della propria ricerca non può fare a meno di una partecipazione emozionale all'in-sé, all'alterità dell'oggetto.

Se l'Historia è destinata ad essere sempre *conoscenza storica*, essendo per suo statuto anche la scienza dei mutamenti nel tempo, deve costantemente fare i conti con la dimensione diacronica e sincronica del Tempo. La diacronia di un evento che, per essere storico, è svolgimento e mutazione nel tempo, in un prima e un dopo, non può che essere percepito nella sincronia di una coscienza che ri-conosce, e quindi rivive l'evento. L'agire diacronico, e perciò stesso anche corale e collettivo, di un tempo che è stato, è *ripensato*, e quindi diviene sincronico alla coscienza dello storico e in lui si individualizza. La storia conosce se stessa nello spirito incarnato dello storico. Qui l'anima quale potenza impersonale trova e prende possesso del proprio corpo. Conoscere allora è ricordare: «La reminiscenza di cui parla Platone può essere prodotta dalla nostalgia della realtà presentita, nostalgia di ciò che non si possiede e non si mostra. Nostalgia di una vita riunita. La memoria sarebbe la sede di questa conoscenza, di quest'incontro con la realtà totale, poiché già allora in essa non ci sarebbe né ricordo né oblio, ma solo presenza» [Zambrano, M. 1997]

È stato C. Gustav Jung [1976] che ha elaborato in chiave psicologica il concetto di sincronicità in un saggio dal titolo *La sincronicità come principio di nessi acausali*. È solo tenendo conto di tutta una serie di fattori di ordine psicologico e gnoseologico che sarà possibile elaborare delle discipline, storiche, teologiche e/o scientifiche, in grado di produrre un sistema armonico del mondo.

Il tempo in cui lo storico, l'artista, il teologo o lo scienziato elabora il suo sistema armonico del mondo è sempre un tempo virtuale e quindi esperibile solo nella sua rappresentabilità: ogni opera della creatività dell'uomo compresa la scienza storica va a tagliare per conservare una sua fetta di tempo che è sempre quello di una coscienza creativa. Etica ed estetica si incontrano per produrre non solo il bello e/o il bene ma in primo luogo il vero. La verità ha una sorte di intimo statuto esistenziale: è e deve essere sempre la verità di qualcosa! Ha bisogno dunque di un gioco di specchi riflettenti. È qui che bisogna cercare di capire perché l'Historia nella visione manzoniana del mondo ha per suo statuto quello di essere *una guerra illustre contro il Tempo* e non può più essere *una guerra meravigliosa contro la Morte*. Approdo tempestoso e travagliato di una navigazione delle parole che seguono la vita dei propri personaggi nella ricerca di identità che si rivelano sempre in corso d'opera.

Potrebbe sembrare contraddittorio, ma solo l'identificazione del passato col vissuto creativo ed emozionale dello storico può in qualche modo aprire la possibilità di una narrazione senza narratore. È solo questa prospettiva di una Storia che non può fare a meno del (ri)vissuto dello storico che può superare i miti di tante filosofie della storia, del passato ma anche contemporanee, che rivendicano un'età dell'oro in cui l'uomo era solo e sempre felice e tutto era perfetto: qui la storia non può fare a meno di passare da scienza del tempo andato ad apologia e/o nostalgia di una armonia perduta. Prospettive che pongono l'uomo in un universo altro da quello di chi veste i panni quotidiani; dove tra l'altro lo storico corre diversi rischi: di subordinazione del proprio io a un ordine costituito o anche di alienazione personale e costruzione ideologica nei significati dati dalla riflessione antropologica di Marx o anche di Freud ai termini in questione.

L'idolo delle origini secondo Marc Bloch [1969] è l'idolum tribus degli storici ed ha un suo nome proprio, ossessione delle origini: «È assurda l'idea stessa che il passato, come tale, possa essere oggetto di scienza».

Il problema perenne per la critica letteraria e/o storica del rapporto tra l'opera e l'autore non può fare a meno di barcamenarsi tra le diverse possibilità interpretative e soprattutto tenere in debito conto le varie possibilità di rapporti tra biografia personale e produzione artistica e di come questi vanno a incidere sulla identità di un autore nel gioco dialettico di demolizione e costruzione dell'io.

8. AZIONE ED ETICA DELLO SCRITTORE E DELLO STORICO

È solo nell'ambito di una psicologia cognitiva dell'uomo di lettere, dell'umanista, allora, che può essere emesso un giudizio che riguarda l'etica civile o sociale di uno scrittore. Vale a dire che essendo l'uomo di lettere uno che vive e agisce, non solo come tutti gli uomini attraverso la parola orale unita ad un fare pratico, ma soprattutto tramite la propria scrittura e quindi un fare teorico/virtuale, vivendo in essa, il trasbordo delle parole orali nella scrittura, diventa lo spazio naturale della sua lotta con le parole. Il prodotto stesso del suo lavoro, vale a dire della sua lotta con le parole, diventa in modo semplice e naturale azione politica nel significato più proprio del termine cioè azione pratica per la vita della polis. L'intellettuale, storico o scrittore, non opera diret-tamente nella elaborazione o modifica delle leggi ma più profondamente sulle coscienze. Lo storico e/o lo scrittore che consegna il sudore della propria lotta con le parole alla umana *comunità linguistica* diventa in questo modo pasto e nutrimento della società.

È questa consapevolezza che sostanzia la manzoniana riflessione sul linguaggio che sarà a base di tante delle sue scelte operative e creative, dalla questione sulla lettura degli antichi e dei moderni, alla questione su una lingua nazionale già ben esplicitata nell'*Introduzione rifatta da ultimo* del *Fermo e Lucia* che sarà di pari passo ripresa qualche decennio dopo, al momento dell'Unità d'Italia. È sempre questo problema che fa del romanzo manzoniano una sorta di opera *in progress* per una durata di tempo almeno ventennale. È sicuramente anche la scelta di un codice linguistico particolare a determinare, almeno in parte, anche i mutamenti nella definizione di storia che stiamo esaminando.

La parola scritta, rispetto a quella orale, annulla in qualche modo la distinzione già proposta dagli stoici di una tripartizione tra significato, significante e cosa materiale presenti quali componenti distinte del linguaggio umano e della relativa comunicazione orale. Nella parola scritta, ragionando geometricamente, viene azzerata l'area del triangolo semantico, gli angoli si diluiscono e sovrappongono così da produrre una perdita delle significazioni singole per introdurre queste in un corpo di significazione altro, dove il tutto oltre a non essere mai la semplice somma delle parti, acquista una sua nuova identità. Nel passaggio dall'oralità alla scrittura si compie e consuma anche un profondo mutamento nel ruolo e funzione della parola che da creatrice diventa creata. In questo mutamento c'è anche lo spazio proprio dove può introdursi il teologo, soprattutto cristiano, per proporre la sua lettura e interpretazione dei racconti della creazione che sono l'incipit della storia biblica e dunque patrimonio di tanta parte della cultura occidentale. A valle di questo spazio abbiamo la sostanza di un testo, fatto, dunque, di parole create, come qualcosa che diventa indipendente anche dal suo estensore. In ogni testo vero vive un mondo creato da qualcuno. Un mondo nel quale gli uomini, volendolo, potranno continuare in eterno a specchiare se stessi.

Il risultato della funzione simbolica delle parole è sempre quello di rendere presente un'assenza. Il potere evocativo delle parole nasce proprio da questo essere doppio del simbolo: «Evocare è la chiave di ogni linguaggio artistico. La sua origine latina ci aiuta a capire di che cosa si tratta. La parola è composta da *ex* (fuori) e da *vocare* (chiamare) "trarre, attirare fuori, richiamare" [...] Evocare vuol dire spostare un "oggetto" da un luogo ad un altro» [Cerami V. 2002].

«Non può esservi altra scienza della scrittura se non la scrittura stessa» [Barthes R., 1981] È qui la magia perenne della scrittura capace di far rivivere il passato e/o l'altrove, non solo facendone memoria ma materializzando quel passato in miriadi di forme creative. Le parole diventano qualcosa di diverso da se stesse ovvero sono trasformate in Testo.

È, inoltre, proprio in questo processo che va dalla vita vissuta con e nelle parole alla loro rappresentazione estetica che può andare a configurarsi il potere catartico della creatività: lo scrittore e/o lo storico che partorisce con dolore il frutto del proprio travaglio, è il Sisifo che ha tentato di ribellarsi agli dei o l'Adamo che si è fatto prendere dalle lusinghe di Eva e della sua mela. Sarà più agevole accettare la condanna di Sisifo o quella di Adamo? La parola che nella scrittura diventa opera d'arte è il vero sommovimento storico, tramite essa l'assoluto si fa storia e la natura può morire a se stessa in una catarsi che trasforma il tutto in consapevolezza etica.

Questo processo che dal linguaggio parlato arriva alla scrittura non è mai indolore, sia per il singolo che per la collettività e annullando la distinzione tra fare teorico e pratico si configura quale azione politica vera. Momenti grandi della storia dell'uomo possono essere caratterizzati solo tramite questo processo: l'oralità di Socrate precede e giustifica le opere di Platone e Aristotele come la predicazione del Nazareno precede e impone la scrittura della Nuova Alleanza tra il Dio di Israele e il mondo.

La consapevolezza di questa speciale e particolare azione politica non essendo sempre immediata diventa la spia in grado di decifrare nevrosi, psicosi e presunte schizofrenie proprie dello scrittore. Questo anche perché l'equazione ideale/reale va a cozzare con la vera scienza della politica intesa nel senso machiavellico. L' *immaginazione al potere* dell'umanesimo sessantottino è stata l'ultima vittima di questa ennesima contraddizione interpretativa e non smette di manifestarne residui in non pochi intellettuali nostrani. L'origine remota di tale schizofrenia del rapporto intellettuale/potere politico può anch'essa essere ricondotta al sogno/desiderio espresso nella *Repubblica* platonica del filosofo che amministra il potere. Ciò potrebbe sempre in qualche modo realizzarsi a condizione che l'intellettuale si genufletta alla divina Ragion di Stato che oggi con meno nobili intenti potrebbe mutarsi in Ragione del profitto di parte.

Quanta invidia deve portare in sé l'artista, lo scrittore e lo storico, soprattutto se giovane, verso l'uomo d'azione! Per non parlare del filosofo. Un *imboscato della Storia* definì il duce del ventennio, l'uomo che facendo il mestiere di storico tentava di tenergli testa.

E questa invidia è più grande che l'ispirazione dello scrittore di storia sia marxista, oppure cristiana? Una contraddizione, più che permanente, perenne, è quella di voler attribuire ad uno scrittore o uno storico un qualsiasi aggettivo del tipo *storico marxista* o *scrittore cristiano,* si è storici e si è scrittore e basta. Allo storico vero, come all'artista o allo scrittore, interessa la verità del suo prodotto, che poi altri giudicheranno quale costituente una *Repubblica delle lettere* o l'annuncio di un *Tradimento dei chierici* sono per lui questioni di secondaria importanza. È in questa dimensione che ogni opera prodotta dallo spirito dell'uomo rappresenta solo e sempre l'estetizzazione di una coscienza etica nel suo più naturale significato. Ed è questa verità, come già segnalato sopra, che rende l'azione dello scrittore non sempre consona ai dettami di un qualsiasi potere o ordine costituito: in tante e tante situazioni della storia passata, ma anche recente, è stato proprio questo ethos naturale della scrittura ad essere interpretato come contrario ai normali e abusati dettami etici, se non demoniaco, dai vari poteri istituzionalizzati.

9. LA STORIA COME VITA
E LA VITA COME SCRITTURA

È stato tra gli altri anche Antonio Gramsci [1949] a sottolineare, nonostante le sue critiche di carattere sociale rivolte all'opera creativa manzoniana, la scarsa accoglienza di questa nella tradizione culturale cattolica più *ortodossa*, soprattutto gesuitica. Ciò dovuto alle paventate influenze giansseniste nel pensiero del nostro.

Nel travaso della Morte nel Tempo di Manzoni c'è la consapevolezza di una verità tutta umana della morte, vale a dire che questa non è più riferita ad un ordine metafisico che ne sostanzia il valore in una viscerale naturalità ma entra a far parte del tempo quotidiano dell'uomo. Un po' come dire: si muore vivendo. Si muore nel tempo dell'*Historia guerra illustre contro il Tempo*.

Un travaso non indolore poiché è qui che si possono giustificare nevrosi e isterismi propri dello scrittore: le titubanze di una passione civile che produce l'ode Marzo 1821 per poi strapparla, ovvero nasconde le contestazioni al nefasto predominio austriaco del proprio tempo sotto le mentite spoglie di quello spagnolo del '600. Sviscera l'ossessione teologica della morte nella ricerca dell'immortalità creativa. Patologie ascrivibili alla quotidiana normalità di una vita che si costruisce insieme alla propria scrittura, in una mente che lotta con le parole e che trasforma l'oggetto del proprio lavoro, e quindi anche la propria vita, da una *guerra meravigliosa contro la Morte* in una *guerra illustre contro il Tempo*. La vita diventa scrittura.

Manzoni, come ogni vero artista, è costantemente morto nelle sue varie e molteplici rappresentazioni di fette di tempo, come anche nel semplice elaborare o mutare una definizione di Storia.

Bisogna subito aggiungere che nella dissolvenza delle due definizioni non c'è solo la morte virtuale in se stesso di un Napoleone, di una Ermengarda o di un Adelchi, fantasmi di immagini/parole che diventano personaggi, - per un'artista eventi, spesso, non meno drammatici delle morti reali - c'è anche, e forse soprattutto, la malattia puerperale insieme alla morte rischiata della sua Enrichetta nel dare al mondo Clara (sesta degli otto figli) nell'agosto del 21, che morirà tenerissima nel '23, la nascita ancora problematica di Vittoria nel settembre '22, questo solo per fermarci al periodo 21/23 e allo stretto ambito familiare.

Questo discorso rischia di rimanere incompleto se non s'andasse, almeno a citare, l'interessante, e in parte ambigua, lettura di Manzoni proposta da Cesare Garboli. Il critico toscano propone la sua intrigante lettura a partire da Matilde, una delle figlie più sfortunate per la propria vicenda umana del nostro Alessandro, e dal commento del suo *"Journal"* [1992], breve ma denso memoriale del dolore della malattia di una donna figlia dell'aristocrazia lombarda di metà ottocento, ultima dei dieci figli di Manzoni nata nel 1830, e perciò quasi orfana di madre che morirà nel '33, e vissuta solo ventisei anni a causa di problemi di salute.

A partire dall'inedito *Journal* di Matilde da lui ritrovato ed edito e da altre carte che annotano vicende personali della stessa si evince la figura di un Alessandro in difetto oltre che di paternità anche di cristianità. Matilde in qualche modo sarebbe orfana anche di padre: vissuta in convento dal maggio 1838 al luglio 1946, stabilitasi poi dal luglio '47 presso la famiglia della sorella Vittoria in Toscana dove morirà nel marzo 1856 dopo che una sola volta avrà una breve e fugace visita di suo padre che lesinerà non poco tutte le richieste di Matilde di poterlo incontrare.

Nella ricostruzione storica dell'identità del letterato Manzoni, il Garboli, sembra proporre una netta distinzione tra i contenuti della produzione creativa del nostro e i suoi personali rapporti familiari, al punto da affermare: «Come a volte avviene ai capolavori anche la nascita dei *Promessi sposi* fu pagata con sventure e con lutti, e la grande fortuna del romanzo, la gloria, la diffusione, la propagazione del romanzo fu propiziata per così dire dal sangue dei martiri. Nella prima fase la vittima fu Enrichetta, nella seconda Matilde». Le due fasi del *romanzo della famiglia Manzoni* avrebbero il loro punto di demarcazione nella data del 7 luglio 1841, giorno che registra la morte della madre di Alessandro, Giulia Beccaria.

A rincarare la dose vi è stata, una decina d'anni dopo la lettura di Garboli, una reinvenzione cinematografica dell'attore-regista Lino Capolicchio dal titolo *Il diario di Matilde Manzoni* che ispirandosi – come da lui dichiarato - al Garboli e a *La famiglia Manzoni* della Ginzburg ha ancora di più calcato la mano, questa volta con immagini unite a parole, sul sentire religioso e sul ruolo di padre del nostro.

Anche se si è già accennato, se non dilungati più sopra, sull'aspetto della componente "violenza" che è intrinseco al discorso creatività, mi sembra che proprio il profondo lavorio del Manzoni sulle sue creazioni, e dunque anche sui personaggi, sulla loro delineazione identitaria, se da un lato non riesce a nascondere il lavorio del proprio io su se stesso, e dunque in qualche modo anche la violenza, che i personaggi operano sulla psiche dell'autore, dall'altro è proprio questo che può andare a corroborare un discorso sulla umanità/disumanità del nostro. Su un io disposto a giocarsi l'esistenza in un continuo scambio di umanità con l'altro da sé che viene fuori dalla scrittura.

Lontana l'idea di una difesa d'ufficio e ad oltranza dell'umanità del Nostro, tra l'altro leggendo la Ginzburg ci sarebbe da integrare al discorso di Garboli la vicenda del rapporti col figlio Pietro, non meno drammatica di quella con Vittoria.

E ancora: se il discorso del Garboli sembra avere una sua logica ferrea, essendo costruito su indizi limitati ma importanti per un processo induttivo che conduca ad una certa delineazione dell'identità manzoniana, come in tutti i discorsi che vogliono scavare in profondità nella psiche di un individuo, pecca di unilateralità. D'altronde gli indizi dai quali parte sembrano riguardare tutti la vicenda della figlia Matilde e poco o niente quella della moglie. Tra l'Enrichetta musa ispiratrice della poesia e della creatività manzoniana, se non anche personalità trasfigurata dalla forza creativa dell'autore nell'immagine del personaggio Lucia Mondella e l'Enrichetta vittima sacrificale della creatività del nostro, e del romanzo in particolare, dovrebbe pur esserci una via di mezzo.

Volendo anche, più che accettare, tenere in debito conto, l'intrigante lettura, ci sarebbe da andare più a fondo dal lato del discorso psicologico per un quadro a tutto tondo della questione, scavandone almeno con la stessa perizia che il Garboli concede, anche per sua professionalità e naturale predisposizione, a quello storico-letterario. L'analisi critico-filologica è poco supportata da un esame analitico del quadro storico in cui vivono i personaggi protagonisti della vicenda e l' '800 della declinante aristocrazia lombarda non è la fine del II millennio.

E in più: non è forse Manzoni stesso un orfano di padre e con una madre ritrovata forse troppo tardi per quella naturale dialettica degli affetti che possa annunciare una emancipazione matura dal nido naturale della famiglia natia per un approdo consapevole ad una accettazione della vita in tutte le sue grazie e disgrazie?

10. Chiuse le virgolette:
dal nulla al creato e dal noi all'io

E se proprio un accenno di carattere psicologico si voglia fare a partire dall'analisi delle parole dell'introduzione qui in esame, vale la pena di fermarsi un attimo su una trasformazione ancora linguistica che nasconde, o meglio sottende, i mutamenti della psiche dello scrittore. *«Imperciocché, essendo cosa evidente, e da verun negata non essere i nomi se non puri purissimi accidenti ... »*: siamo appena dopo la chiusa delle virgolette entro le quali Manzoni sta trascrivendo la sua copia del dilavato originale.

La ripresa del discorso nel *Fermo e Lucia*: «Tale è il proemio d'una curiosa storia che avevamo, animosamente impresa a trascrivere da un dilavato autografo del secolo decimo settimo, ad intento di pubblicarla».

La ripresa de *I promessi sposi*: «Ma quando io avrò durata l'eroica fatica di trascrivere questa storia da questo dilavato e graffiato autografo, e l'avrò data, come suol dirsi, alla luce, si troverà egli poi chi duri la fatica di leggerla?»

Interessante qui andare a notare non tanto la trasformazione dei termini e dei loro significati quanto sottolineare la diversità di prospettiva in cui l'autore pone se stesso nei confronti della sua creatura. All'*avevamo* del *Fermo e Lucia* fa riscontro ne *I promessi sposi* l'*io avrò*: come dire che qui nell'uso stesso dei verbi è presente quel processo psicologico dal noi all'io proprio della normalità della nevrosi creativa del carattere schizoide.

Il passaggio del pronome personale dal plurale al singolare – dal noi all'io - equivale in qualche modo anche alla nascita di una nuova identità. «Perché ciascuno diventi un Io è necessario che abbandoni l'idea di una continuità tra se stesso e il mondo, inteso come sua protesi o prolungamento»[Bodei R, 1997].

Termina l'appartenenza al mondo e/o alla natura, inizia la nascita al tempo e alla storia. È questa presa di distanza dal mondo che consente all'*uomo animale razionale* di cominciare ad esistere in quanto tale: non più solo animale ma anche razionale e quindi uomo completo. Non basta il linguaggio, c'è bisogno anche della scrittura perché cominci a prendere forma un io distaccato dal mondo: «lingua e scrittura sono due distinti sistemi di segni; l'unica ragion d'essere del secondo è la rappresentazione del primo» [F. de Saussure, 1979]. È con la scrittura che nasce una scienza del mondo, l'uomo non è più semplicemente il mondo, ma comincia ad avere un mondo. Questo discorso oltre alla sua dimensione storica, né ha una tutta di carattere psicologico che ogni uomo può incontrare e vivere nel suo proprio processo di crescita e di maturazione.

Non era bastata la "conversione religiosa" da sola a mandare in frantumi i sogni di una identità non ancora semplicemente individuale che affidava alla mitologia classica la propria immortalità; più di dieci anni dopo l'episodio di Parigi quell'incipit dell'*Historia guerra meravigliosa contro la morte* insieme al *noi* sta a connotare la difficoltà e drammaticità di questo passaggio dalla natura alla storia, c'è ora bisogno della nuova scrittura, non più in versi ma in prosa, per portare a compimento quel processo.

Aprendo una parentesi: è questo passaggio dal linguaggio tout court alla sua rappresentazione nella scrittura lo spazio che intercorre tra la ricerca della verità in Socrate e le certezze che Platone troverà nelle rappresentazioni della propria scrittura. È forse proprio questo passaggio ciò che costringerà, quest'ultimo, all'*invenzione* di quel mondo delle idee quale realtà razionale eterna e immutabile distinta dalla realtà sensibile transeunte e cangiante, quale mondo originale e originario distaccato dalla copia, e che fa del mondo dell'esistenza reale una realtà illusoria. Idea, pensiero e linguaggio pongono l'uomo nella realtà eterna ed atemporale, mentre sensibilità, scrittura, rappresentazione, lo introducono nel tempo e gli cominciano a dare una storia.

E ancora: non è proprio un caso che tutto il dibattito sulla cultura delle classi subalterne meridionali sviluppatosi a metà del secolo scorso a partire dai testi di alcuni intellettuali scrittori quali Carlo Levi e Ignazio Silone abbia una delle sue cornici più intriganti proprio nella dialettica tra oralità e scrittura, tra atemporalità e storia della vita quotidiana degli afferenti alla cultura contadina meridionale.

Ritornando a noi, questo processo di introduzione dell'uomo nel tempo storico ha profondamente toccato anche lo storico e scrittore Manzoni. È proprio l'Anonimo del seicento, secondo Salvatore Nigro [2002], «la prova più evidente della diversità dei romanzi di Manzoni. [...] Che ha (l'Anonimo) due profili inconciliabili; e presiede a due contrastanti e ben caratterizzate finzioni narrative. L'anonimo è personaggio con due anagrafi; e con due personalità». Al Nigro si rimanda per le conseguenze di ciò sul piano tecnico-letterario. Qui nell'immediato interessa di più quello psicologico e porre un interrogativo quanto mai importante: doppia personalità dell'anonimo uguale a doppia personalità dell'autore? Comunque si preferisca scegliere, sarà doppia personalità normale, schizoide e non schizofrenica, nell'accezione della psichiatria personalista del Laing [R.D. 1991], poiché le due identità non sono semplicemente coesistenti e sovrapposte ma dilatate nel tempo dell'interazione tra l'autore e la sua scrittura e dunque anche l'una nell'altra dissolventesi. Nella complessità antropologica della problematica psicofisica che dà corpo anche alla schizofrenia anche il Laing tra gli altri sottolinea nel suo *Studio di psichiatria esistenziale*: «Come è noto anche in persone normali si hanno stati temporanei di dissociazione dell'io dal corpo». Quanti sono i personaggi che, anche solo all'interno del romanzo, o meglio delle scritture dei diversi romanzi, seguono questo itinerario evolutivo della psiche? Basti per tutti quel Conte del sagrato nel suo dissolversi nell'Innominato e il travaglio di quest'ultimo tra le sue due anime. E non manca chi sottolinei che proprio il brano della *Notte dell'Innominato* con intero l'impianto narrativo precedente e seguente del racconto sia il *ritratto* più vero dell'*originale* conversione del Manzoni.

Anche l'assoluto schellinghiano che poteva essere percepito e raggiungersi tramite la creatività alla fine è composto dal dualismo natura/spirito, traslazione conforme del dualismo corpo/anima. Creare alla fine è anche uscire fuori dal nulla dando corpo a qualcosa che prima non esisteva, e il processo dialettico proprio dell'incontro/scontro tra spirito creativo e natura biologica è là pronto a stagliarsi in tutta la virulenza della sua presenza, non potendo tenere fuori dalle grinfie della provvida sventura neppure il suo artefice terrestre.

E che il lavorio sulla rappresentazione dei personaggi, quello sul loro carattere, posto in essere tramite il lavorio delle parole nei mutamenti della loro scrittura, provochi mutamenti anche nel loro autore ne è testimonianza la sensazione ancora del critico Salvatore Nigro che a conclusione della sua *Nota critico-filologica: i tre romanzi* annota: «Tre scrittori di diverso profilo si configurano attraverso le "conversioni" della scrittura. Il primo è il saggista del *Fermo e Lucia*. Il secondo quello a tendenza surrealistica della Ventisettana. L'ultimo, quello che nella Quarantana il metafisico ingloba nella dimensione del reale».

Mettere al mondo l'altro da sé nella scrittura di una vita destinata a divenire opera d'arte e proprio per questo costretta a subire la violenza dell'urto tra l'immobilità temporale dell'eterno in cui si staglia ogni produzione artistica e il divenire del tempo individuale della coscienza è anche una sorta di alzare la mano su di sé. È il punto dove l'eros della volontà di sapere trova inatteso l'ethos del bisogno d'azione nel quale diluire la sua violenza. È alla fine quella *guerra meravigliosa contro la Morte* realtà evocata nelle prime parole di un'*introduzione rifatta da ultimo* e che designa non solo una dispersione di suoni, ma più concretamente la vera e propria sostanza di un vissuto che comprende come la lotta delle parole tra loro è la lotta che ogni vita intraprende col mostro invisibile del Tempo, può dissolversi nella sua *guerra illustre contro il Tempo*.

Che le parole o "i nomi" siano solo «purissimi accidenti» è verità solo dell'inesistente anonimo autore del graffiato autografo.

I nomi, anche quelli usati da uno scrittore, sono pietre che segnano in modo indelebile la lotta interminabile dell'io nel suo distaccarsi, o per dir meglio distanziarsi, dal noi.

Ma riprendiamo ancora questo discorso dell'introduzione non più solo da un punto di vista psicologico.

11. CHIUSE LE VIRGOLETTE: IL SISTEMA BINARIO O IL TEATRO NASCOSTO.

«*L'Historia si può veramente deffinire una guerra illustre contro il Tempo, perché togliendoli di mano gl'anni suoi...*   [... ...   ] *Imperciocchè, essendo cosa evidente, e da verun negata non essere i nomi se non puri purissimi accidenti ...* ». Così inizia e termina la prima parte dell'introduzione al romanzo: puntini sospensivi e chiuse le virgolette, allontanato lo sguardo dal dilavato autografo del '600 il mago ha estratto dal suo cappello la meraviglia ed è pronto a consegnarla ai posteri.

Troppa l'arguzia volitiva della reale finzione manzoniana per aver la pretesa di coglierla al volo: sarà possibile tentare di comprendere almeno il trucco nascosto dietro la magia cui si è assistito inconsapevoli? La messa da parte del documento del '600 introduce il lettore direttamente in una sala teatrale dove l'autore della commedia, che si è fatto introdurre da una voce fuori campo, ora compare direttamente sul proscenio a parlare con lo spettatore che ancora si crede lettore.

Le virgolette di sopra erano manzoniane, quelle che seguono sono mie:

«Ma quando io avrò durata l'eroica fatica di trascrivere questa storia da questo dilavato e graffiato autografo, e l'avrò data, come si suol dire, alla luce, si troverà poi chi duri la fatica di leggerla?

Questa riflessione dubitativa, nata nel travaglio del decifrare uno scarabocchio che veniva dopo accidenti, mi fece sospender la copia ...».

La trascrizione del graffiato autografo è stata sospesa con una questione linguistica, *i nomi sono puri purissimi accidenti,* ora l'autore sul proscenio presenta al suo pubblico una questione linguistica: una logica spietata e del tutto naturale sorregge la mente del Manzoni. Una questione molto fine sarebbe quella di discettare su questi nomi quali *puri purissimi accidenti* che in questo caso è da presumere sia definizione del graffiato autografo e non sua altrimenti ci sarebbe, a fronte della logica spietata, una contraddizione di non poco conto che potrebbe far saltare del tutto la propria identità personale. Tralasciamo per ora di andare oltre in tale questione e riprendiamo le fila del discorso.

Lo scarabocchio è stato il tramite della dissolvenza dalla voce fuori campo alla sua comparsa sul proscenio. Lo spettatore viene avvisato che ciò a cui assisterà è la copia di una storia già scritta e vissuta da altri, l'autore, ancora sul proscenio, è solo colui che gli ha tradotto la storia in un linguaggio comprensibile. Prima di ciò spiega: «abbiam voluto interrogare altri testimoni; e ci siamo messi a frugar nelle memorie di quel tempo, per chiarirci se veramente il mondo camminasse allora a quel modo. Una tale indagine dissipò tutti i nostri dubbi ... ». Lo storico si è costruito la linea retta (graffiato autografo e sua personale indagine e verifica) lungo la quale ora andrà a sovrapporre con maestria la traccia della retta della sua rappresentazione. Ed ecco la magia che consente al nostro di essere storico fino in fondo, la *provvidenza* del romanzo non viene da un cielo tra le nubi, ma direttamente da documenti con tanto di puntuale verifica.

Del resto proprio questo aveva teorizzato il Manzoni [1988] quando aveva scritto: «L'intento e lo studio dell'autore è di rendere, per quanto può, e il soggetto e tutta l'azione, tanto verosimile relativamente al tempo in cui è finta, che fosse potuta parer tale agli uomini di quel tempo, se il romanzo fosse stato scritto per loro.

Ma è scritto per altri. Mettiamo pure, che all'autore sia riuscito di comporre un racconto che agli uomini di quel tempo sarebbe parso verosimile. Un tale effetto sarebbe allora venuto dal confronto spontaneo ed immediato, tra il generale ideato dall'autore, ed il reale che essi conoscevano per esperienza; mentre, *per pro-durlo in uomini di un altro tempo, l'autore è ridotto a cercare di supplire all'esperienza con l'informazione, e di mettere, dirò così, in una sola composizione, l'originale e il ritratto.* Non c'è il contrasto diretto tra il vero e il verosimile; e è senza dubbio un grande vantaggio; ma c'è ugualmente o la confusione dell'uno con l'altro, o la di-stinzione tra di essi. Anzi c'è, in proporzioni varia-bilissime, ma inevitabilmente, e confusione e distinzione [...] ».

Originale e ritratto, vero e verosimile formano la struttura di una pagina letteraria dove *originale e vero* rappresentano l'ossatura di una sorta di menabò sul quale il redattore inserirà il *ritratto verosimile*. È solo costruendosi tale struttura che lo scrittore può tentare di diventare il tramite dell'epifania di un concreto altrove sperando per la propria psiche in danni ancora riparabili. Questo sistema binario e parallelo di realtà non è la semplice proiezione di una psiche che parlerà anche di colpa, grazia e redenzione ma un dato di fatto, apriori sistemico.

Qui è costruita la laicità dello scrittore cattolico Manzoni che può rientrare dietro le quinte, prima che si apra il sipario a cominciare: «Quel ramo del lago di Como, che volge a ...».

Che il Russo trovi l'unico vero personaggio del romanzo nel sentimento del Manzoni e che ciò sia vero, dice ancora di più del valore scientifico ed affatto apologetico della Historia raccontata in forma di romanzo anche nella dimensione propria che danno alla loro disciplina autori moderni. Come dice anche della compresenza in Manzoni di un carattere – o se si vuole dimensione – collettiva e di un carattere individuale, realtà che anche Jung riportava nella normalità di una *dissociazione di carattere* [C. G. 1977].

L'Historia guerra illustre contro il Tempo combatte non col tempo passato ma più propriamente col linguaggio del tempo presente che deve far rivivere nella scrittura quel passato e dunque nella comprensibilità, comunicabilità e rappresentabilità delle parole.

12. AUTORITRATTI

Diceva la Zambrano: «Chi si racconta rende oggettivo il proprio fallimento, il proprio essere a metà, e in esso si ricrea senza trascenderlo, se non nel tempo virtuale dell'arte», arte per ricreare un altro se stesso! A dir meglio: arte quale specchio per dare corpo all'estraneo che vive dentro di sé. Di autoritratti nell'opera di Manzoni ce ne sono tanti. Forse da quel discorso del Russo che voleva personaggio unico dei "romanzi" del nostro Alessandro il suo stesso sentimento si potrebbe argomentare arrivando alla conclusione che tutta la sua opera è un solo e grande autoritratto.

Vero e proprio autoritratto la penna di Manzoni ne vergò uno ancora giovanissimo, osserviamolo:

Capel bruno: alta fronte: occhio loquace:
naso non grande e non soverchio umile:
tonda la gota e di color vivace:
stretto labbro e vermiglio: e bocca esile:

lingua or spedita or tarda, e non mai vile,
che il ver favella apertamente, e tace.
Giovan d'anni e di senno; non audace:
duro di modi, ma di cor gentile.

La gloria amo e le selve e il biondo iddio:
spregio con odio mai: m'attristo spesso:
buono al buon, buono al tristo, a me sol rio.

A l'ira presto, e più presto al perdono:
poco noto ad altrui, poco a me stesso:
gli uomini e gli anni mi diran chi sono.

Cerchiamo ora di penetrarlo: anno di questo scatto fotografico è l'inizio del XIX secolo (1801), il nostro è vissuto sedici primavere, ed è il momento in cui lascia l'ultimo dei suoi soggiorni collegiali e va a stabilirsi nella casa di Pietro Manzoni a Milano. Nella cronologia a corredo del romanzo del '27 per i Meridiani, il Nigro annota che tale sonetto «trova riscontro figurativo nel ritratto di profilo disegnato da Benedetto Bordiga (1802)». La "figurazione" riguarda solo le due quartine iniziali del nostro poiché nelle terzine che chiudono il sonetto, Alessandro salta dalla descrizione di ciò che appare a ciò che lui stesso ritiene di essere. Ed è estremamente interessante notare che potrebbe trattarsi di vero e proprio manifesto programmatico di poetica. Affatto per ciò che riguarderà la forma della sua scrittura, un po' per ciò che saranno i contenuti, molto e tutto per ciò che sarà la sostanza delle sue opere. Quel «*poco noto ad altrui, poco a me stesso: / gli uomini e gli anni mi diran chi sono*», anche alla luce di quanto qui si sta argomentando, potrebbe essere scelto quale esergo per l'opera completa del nostro.

Nel commento all'Introduzione del romanzo nell'edizione del '40, sempre dei Meridiani e ancora del Nigro, si rileva che Manzoni nel corso di questo "nuovo romanzo" si concede ben tre autoritratti: «In scrittura uno, in figura gli altri». Quello in scrittura è vergato all'inizio del capitolo XXVI «Con questo manoscritto davanti, con una penna in mano».

«Gli altri due autoritratti, Manzoni li fece disegnare da Gonin. E li fece incidere e compaginare all'inizio e alla fine dell'*Introduzione* al romanzo. Mostrandosi ora seduto in poltrona sulla L dell'incipit ("L'historia si può veramente definire..."), con una mano che segue le righe di lettura sul manoscritto dell'anonimo, sull' "historia"; e l'altra adagiata sul tavolo, che il gomito sconveniente di Cervantes torna a rimuovere. Ora davanti al camino della biblioteca, sprofondato in più ampia e avvolgente poltrona, a riscaldare la mano libera e i piedi; e con il manoscritto tenuto nella mano sinistra, aperto alla parola "FINE": "il soggetto presta poco all'invenzione", diceva Manzoni (lettera a Gonin ...)

Le due vignette riguardano il Manzoni lettore del romanzo dell'anonimo del seicento».

Senonché forse di autoritratto se ne potrebbe trovare, evidente un quarto per il Nigro, un quinto se si tiene conto anche di quello giovanile qui messo in campo, tutto nascosto nella definizione dell'*historia* dalla quale prendono spunto queste osservazioni: «L'Historia si può veramente deffinire una guerra illustre contro il Tempo, ...». Alla semplice constatazione che la definizione di storia di uno storico non può che essere anche parte della propria biografia/autobiografia sarebbe da aggiungersi e annotare l'aspetto "filosofico/religioso" dell'intendere la storia.

In questa *guerra illustre contro il Tempo* il nostro ha dato ragione del proprio travaglio creativo nell'istante stesso in cui gli viene donata l'immagine speculare della propria immortalità, anche per questo l'Historia non può più essere *una guerra meravigliosa contro la Morte*. Un autoritratto, dunque, in progress, vale a dire un istante che si dilunga e protrae per tutta intera la vita fin qui vissuta.

Qui anche le contraddizioni di essere insieme cattolico e scrittore: il premio principe della vita non viene, in questo momento e frangente, dalla speranza di una ricompensa per la fede vissuta, ma immediatamente dallo specchio di narciso dell'immagine prodotta dalla propria scrittura. Qui anche allora tutta la laicità dello scrittore cattolico Manzoni che dialoga con gli alti prelati i quali arrivano a consigliargli la pace acquisita quale porto sicuro in cui la propria salute mentale può gettare l'ancora della vita, senza scalfire minimamente quella ossessione che ha una durata antica del *poco noto ad altrui, poco a me stesso:/ gli uomini e gli anni mi diran chi sono.*

13. EPILOGO: UNA STORIA
O UN ROMANZO CRISTIANI?

«La letteratura scritta da cristiani è soggetta solo e unicamente ai metri della letteratura. Non esiste uno stile cristiano, non esistono romanzi cristiani: esistono solo cristiani che scrivono, e quanto più un cristiano, come artista, si concentra sullo stile e sull'espressione, tanto più cristiana diventa la sua opera». È affermazione di non poco conto di un non oscuro intellettuale tedesco insignito anche del nobel della letteratura e che chiamasi Heinrich Böll.

Perché, nonostante la cattolica Italia e il cattolicissimo meridione qui da noi, nella provincia meridionale, stenta a nascere una qualche parvenza di vera letteratura cristiana? Interrogativo pleonastico se devo stare a quanto afferma il nobel tedesco: non esistono romanzi cristiani. Ed essendo d'accordo con tale affermazione ritengo il romanzo di Manzoni, un romanzo e basta anche in ragione della definizione di storia che lo precede. Böll potrebbe, proprio lui, essere uno degli osservatori esterni in grado di illuminare il paesaggio in cui trascorro la mia esistenza e scoprirne coloriture nascoste. Si diceva in partenza di un ambiente dove il termine cristiano continua ad essere sinonimo di uomo e viene così privato di connotazioni specifiche.

Esiste così per forza di cose anche uno stile cristiano, una scuola, un'educazione, una famiglia, un vivere, un amare ecc. cristiani e cattolici. Vale a dire che esiste un modo molto preciso e puntuale per nascondere la realtà ultima delle cose assegnando a queste un proprio nome specifico che non sia quello generico di cristiano destinato ad essere un semplice accidente, una forma linguistica priva di contenuti.

Manzoni poteva scrivere un romanzo e una storia, veri entrambi, dal suo piedistallo dell'aristocrazia cattolica illuminista di inizio '800. Poteva anche profondervi la sua personale visione armonica del mondo senza troppe difficoltà essendo un osservatore esterno di quel mondo rappresentato e creandosi artificiosamente la linea del graffiato autografo da tradurre. Una realtà da copiare per rendere in modo semplice e autentico, scientifico, la verità di un mondo che è anche la propria rappresentazione. Alla base di ciò sta una scelta e l'operatività creativa, sociale e politica che essa comporta. Ciò a garanzia che il suo scritto è un romanzo prima di essere un romanzo cristiano.

«Il cattolicesimo è sterile per l'arte, - annotava Gramsci [1949] nei suoi quaderni - cioè non esistono e non possono esistere *anime semplici e sincere* che siano scrittori colti e artisti raffinati e disciplinati. Il cattolicesimo è diventato per gli intellettuali, una cosa molto difficile, che non può fare a meno anche nel proprio intimo, di una apologetica minuziosa e pedantesca».

Il suo discorso merita di essere seguito per intero:

«Il fatto è già antico: risale al Concilio di Trento e alla Controriforma. *Scrivere*, d'allora in poi, è diventato pericoloso, specialmente di cose e sentimenti religiosi. Da allora la chiesa ha adoperato un doppio metro per misurare l'ortodossia: essere *cattolici* è diventato una cosa facilissima e difficilissima nello stesso tempo. È cosa facilissima per il popolo, al quale non si domanda che di *credere* genericamente e di avere ossequio per le pratiche del culto: nessuna lotta effettiva ed efficace contro la superstizione, contro le deviazioni intellettuali e morali, purché non siano *teorizzate*. In realtà un contadino cattolico intellettualmente può essere inconscio protestante, ortodosso, idolatra: basta che dica di essere *cattolico*. Anche agli intellettuali non si domanda molto, se si limitano alle esteriori pratiche del culto; non si domanda neanche di credere, ma solo di non dare cattivo esempio, trascurando i *sacramenti* specialmente quelli più visibili e sui quali cade il controllo popolare: il battesimo, il matrimonio, i funerali (il viatico ecc.). E' invece difficilissimo essere intellettuale attivo *cattolico* e artista *cattolico* (romanziere specialmente e anche poeta), perché si domanda un tale corredo di nozioni su encicliche, contro encicliche, brevi, lettere apostoliche ecc., e le deviazioni dall'indirizzo ortodosso chiesastico sono state nella storia tante e così sottili che cadere nell'eresia o nella mezza eresia o in un quarto di eresia è cosa facilissima. Il sentimento religioso schietto è stato disseccato: occorre essere dottrinari per scrivere *ortodossamente* ».

Analisi, dirà qualcuno, datata: c'è stato un Concilio, un paio di papi che hanno aperto al mondo le porte della chiesa. C'è stata una rivoluzione politica: il passaggio da un totalitarismo alla democrazia. Sarà forse il mio abitare nella provincia meridionale, nei pressi di dove qualcuno diceva che non era ancora arrivato Cristo, cioè fuori dal tempo, a me sembra che le parole dell'intellettuale laico e antifascista esprimano una realtà non ancora superata nei fatti. Lo so che nella teoria ci saranno tantissimi pronti a sfilare la litania dei documenti del Magistero – con la sostanziale apertura agli artisti degli ultimi papi – e opere di cattolici illustri che farebbero pensare il contrario. Lo storico oggi usa la categoria della «lunga durata» per dire come dei mutamenti soprattutto nei modi di essere dei protagonisti del processo storico, vale a dire nella vita concreta delle persone, abbiano bisogno di un tempo appropriato per potersi evidenziare nella loro carica evolutiva e trasformante.

Ancora una volta il problema si pone nei termini di una libertà creativa svincolata da precomprensioni di sorta: può esistere un romanzo e una creatività cristiana che non sia anche, o solo, inconscio catechismo?

Una domanda alla quale potrebbe indirettamente rispondere un grande spirito religioso del '900, Martin Buber, [1996] quando dopo aver sottolineato nel cristianesimo primitivo il carattere assoluto dell'azione in sintonia con l'insegnamento profetico, aggiunge: «quello che nel cristianesimo è creativo, non è cristianesimo ma ebraismo [... ...] quello poi che nel cristianesimo non è ebraismo, è privo di potenza creatrice». Non basta però solo il percorso intellettuale e razionale compiuto negli ultimi decenni e testimoniato dai documenti ufficiali del dialogo interreligioso tra ebraismo e cristianesimo per rivitalizzare la creatività e l'azione dell'uomo e della società meridionale. Senza momenti operativi e pratici, con debite nuove strutture culturali, tutto ciò è solo destinato a rinfoltire la cupola annichilente di un mondo, cristiano e no, da sempre inconsapevole set cinematografico del *The Truman Show*. Dove, inutile dirlo, i palazzi del potere e i loro colletti bianchi, continuano a sorridere sornioni e guardare il mondo dalla loro ovattata sala di regia: burattinai del nulla.

Come fare a scrivere romanzi e storie, magari cristiani, quando si vive là dove nessuno ha mai scelto di esserlo e non si è figli di alcuna aristocrazia intellettuale? Il nome cristiano e il suo correlativo cattolico diventano qui una sorte di grande fratello/solito sconosciuto che danno per scontato o stabiliscono l'ordine armonico del mondo là dove questo non esiste affatto.

La realtà si presenta così già essa stessa quale romanzo virtuale. Smascherare o solo riprodurre questo virtuale, non è cosa da tutti. Ci sarebbe bisogno di qualche statua che lacrima in meno e qualche Padre Pio in carne ed ossa in più: che, magari, oltre a far miracoli, sappia anche scrivere.

Non penso sia contraddittorio per uno che ha affermato che non può esistere un romanzo cristiano, aggiungere subito dopo:

«La lingua è un dono di Dio, uno dei più grandi, perché Dio, ogni volta che si manifestò, si è servito della lingua. La lingua, per chi scrive, è come un'amante che ha in serbo un'infinità di doni: essa è pioggia e sole, rosa e dinamite, arma e fratello, in ogni parola è sempre contenuta una cosa anche se invisibile, muta: la morte, perché tutto ciò che si scrive è scritto contro la morte. Scrivere è un'impresa pericolosa perché l'amante non acconsente a regolarizzare la propria relazione. Non vuole che la si sposi; l'amore non le potrà mai essere imposto come un dovere, e una cosa poi le fa più paura di tutte: che il partner la voglia costringere nel busto dei suoi pensieri».

Vedi un po' il caso: anche questo Böll doveva saperne qualcosa della lotta delle parole. Un cattolico poco o molto ortodosso, dipende dai punti di vista, ci può consentire con la sua metafora di una lingua dono di Dio, della scrittura quale amante e, vedi ancora caso, del rapporto parola/morte, di avviarci ad una conclusione, forse in parte appiccicata, ma proprio perché frettolosa, che non concluda semplicemente il discorso ma lo possa aprire ad altre significazioni.

Non esistono romanzi cristiani, la lingua è un dono di Dio! Quale più grande contraddizione!

Concediamo alla contraddizione di un premio nobel della letteratura almeno una sua legittima possibilità di significato. Se si è minimamente realisti bisogna dire che la realtà in genere e quella sociale meridionale in specie non è cristiana, soprattutto nel ruolo e funzione delle istituzioni, in ciò che queste hanno fatto nel tempo e fanno per rendere la città terrena più vivibile, il compito arduo di una letteratura senza aggettivi di sorta, non è quello di mascherare ulteriormente tale realtà, ma per quanto possibile, anche tramite una parola dono di Dio, renderla accessibile riconducendo in un ordine armonico virtuale e storico letterario, il grande disordine organizzato di ieri e di oggi. Caos allo stato puro e nulla senza creazione. È questa l'azione politica, vera e unica, dello storico e dello scrittore, oltre ciò potrebbero esserci, da parte sua, solo ulteriori nevrosi, psicosi e schizofrenie varie.

Il tutto, almeno si spera, ancora curabile, oltre che dagli illustri operatori umani della grande scienza del nuovo millennio, volendolo, direttamente dall'Operatore Sommo. Almeno sia concessa la libertà di scelta.

Testi:

ASOR ROSA A., [1982] *Letteratura, testo, società*. in *Il letterato e le istituzioni*, Einaudi Torino, 5-29.

BARTHES R., [1981] *Critica e verità*, Einaudi Torino.

BLOCH M., [1969] *Apologia della Storia*, Einaudi Torino.

BODEI R, [1997] *Le logiche del delirio. Ragione, affetti, follia*, Laterza Roma-Bari.

BÖLL H., [1958] *Rosa e dinamite,* in *Rosa e dinamite. Scritti di politica e letteratura (1952-1976)*, Einaudi, Torino 1979, 31-32.

BOLOGNA C., [2000] *Flatus vocis. Metafisica e antropologia della voce*, Il Mulino Bologna.

BONESCHI M., [2004] *Quel che il cuore sapeva. Giulia Beccaria, i Verri, i Manzoni*, Mondadori Milano.

BUBER M., [1966] *Il rinnovamento dell'ebraismo*. In *Discorsi sull'ebraismo* Gribaudi Torino.

CERAMI V., [2002] *Consigli a un giovane scrittore. Narrativa, cinema, teatro, radio*, Garzanti Milano.

CITATI P., [1980] *Manzoni*, Mondadori Milano.

DE CRISTOFARO, [2009] *Manzoni*, Il Mulino Bologna.

GALLI DELLA LOGGIA E., [1998] *L'identità italiana,* Il Mulino Bologna.

GARBOLI C., [1992] *Prefazione* a MANZONI M., *Journal*, Adelphi Milano, 11-94.

GINZBURG N, [1983] La *famiglia Manzoni*, Einaudi Torino.

GRAMSCI A., [1949] *Letteratura e vita nazionale.* Editori Riuniti Torino.

GUGLIELMI A., [1976] *Manzoni*, in *Storia della Letteratura Italiana*, vol VII *L'Ottocento*, Garzanti Milano.

JUNG C. G., [1976] *La sincronicità come principio di nessi acasuali*,in Opere, vol. VIII, Boringhieri Torino.

- [1977] *Tipi psicologici*, Bollati Boringhieri, Torino.

LAING R. D., [1991] *L'io diviso. Studio di psichiatria esistenziale*, Einaudi Torino.

LEVI C., [1945] *Cristo si è fermato a Eboli*, Einaudi Torino.

MACCHIA G., [1994] *Manzoni e la via del romanzo*, Adelphi Milano.

MAGRIS C., [1983] *Goethe, la prosa del mondo e la "welteliteratur"*, e [1983] *Dissimulazione e verità*, in MAGRIS C., *Utopia e disincanto. Storie speranze illusioni del moderno. Saggi 1974-1998*, Garzanti Milano, 2001, 121-129 e 107-110.

MANZONI A., [2002] *I Romanzi*,
- *Fermo e Lucia* vol. I, [con intr., note e com. di S. Nigro].
- *I promessi sposi (1827)* vol. II t. I; [con intr., note e com. di S. Nigro].
- *I promessi sposi (1840). Storia della colonna infame* vol. II t. II, [con intr., note e com. di S. Nigro ed E. Paccagnini]. Mondadori Milano.

MANZONI A., [1988] *Del romanzo storico e, in genere, de' componimenti misti di storia e d'invenzione*, vol. II, Sansoni Firenze, 1727-1763.

MARROU H. I., [1954] *La conoscenza storica*, Il Mulino Bologna.

NIGRO S., [1996 e 2002) *La tabacchiera di don Lisander. Saggio sui «Promessi Sposi»* Biblioteca Einaudi Torino.

NIGRO S.,[2001] *Naufragi di terraferma* in *I promessi sposi (1827)*, cit., [2002], XI-XXXIX.

NIGRO S.,[2002] *Nota critico-filologica: i tre romanzi* in *I promessi sposi (1840)* cit., IX-XVIII.

PAREYSON L.,[1988] *Estetica. Teoria della formatività*, Torino, Edizioni di «Filosofia», 1954 (nuova ed. Milano, Bompiani 1988).

POMILIO M., [1983] *Il Natale del 1833,* Rusconi Milano.

RUSSO L., [1982] [12] *Personaggi dei Promessi Sposi,* Laterza Roma Bari.

SAPEGNO N., [1945] *Ritratto di Manzoni,* in «Risorgimento», I,. Ora in Idem, *Ritratto di Manzoni e altri saggi,* Editori Laterza, Bari 1992.

SAPEGNO N., [1952] *Manzoni tra De Sanctis e Gramsci,* in «Società», VIII, 1952. Ora anche in Idem, *Ritratto di Manzoni e altri saggi,* Editori Laterza, Bari 1992.

SAPEGNO N., [1960] *Introduzione,* in *I promessi sposi* (a c. di A. Asor Rosa) Feltrinelli Milano, I,. Ora anche in Idem, *Ritratto di Manzoni e altri saggi,* Editori Laterza, Bari 1992.

TESSARI R, [1982] *Il risorgimento e la crisi di metà secolo,* in *Il letterato e le istituzioni,* Einaudi Torino, 5-29.

TOSCHI L.,[1991] *Il brigante, la vergine e lo scrittore,* in MANZONI A., *Quell'innominato,* Sellerio editore Palermo.

ZAMBRANO M., [1997] *La confessione come genere letterario,* Bruno Mondatori Milano.

ZINN, D.L., [2001] *La raccomandazione. Clienteli-smo vecchio e nuovo.* Donzelli Editore Roma.

WUNENBURGER J.-J. [1999], *Filosofia delle immagini,* Einaudi Torino.

INDICE